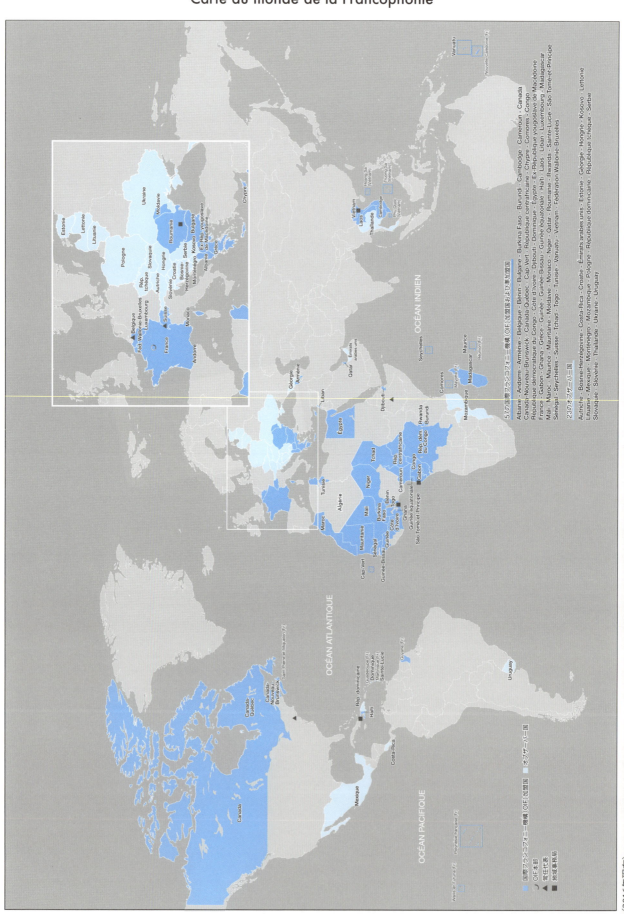
Carte du monde de la Francophonie

フランスの地域圏（régions）は、2016年1月に22から13に再編されました。またその後、Occitanie、Grand Est、Nouvelle-Aquitaine、Hauts-de-France という新たな名称も生まれました。上記の13の地域圏に加えて、さらに5つの海外地域圏──Guadeloupe、Martinique、Guyane、La Réunion、Mayotte──があります。

PARALLÈLE

2

Laurent Annequin
Nori Kondo
Satoshi Okazaki
Eri Takemoto

HAKUSUISHA

―― 音声ダウンロード ――

この教科書の音源は白水社ホームページ (http://www.hakusuisha.co.jp/download/) からダウンロードすることができます（お問い合わせ先：text@hakusuisha.co.jp）。

装丁・本文デザイン	細野 綾子
表紙装画・本文イラスト	瀬川 尚志
写真	123RF.COM
音声ナレーション	Anne-Claire Cassius　Yannick Deplaedt
	Laurent Annequin

はじめに

『パラレル2』は、フランス語を複合過去レベルまで学習した方を対象にした教科書です。

文法パートでは複合過去の復習から始め、条件法、接続法、直接話法・間接話法まで学ぶことができます。会話パートでは、大手ホテルチェーンに就職した主人公タケシが、フランス、ベルギー、カナダなど、フランス語圏のさまざまな土地で研修を重ねます。会話のスキットには、それぞれの土地の観光名所、文化イベントなどが豊富に盛り込まれています。日常生活でよく使われる表現をピックアップしてありますので、ぜひ覚えて使ってみてください。会話パートのアクティビテでは、文法パートで学習した文法項目を使って会話練習をします。また、フランス語で書かれた各課のコラムは、タケシが訪れる街の文化や歴史のさらなる理解につながります。少し難しいかもしれませんが、フランス語の書き言葉に触れるチャンスでもあるので、がんばって読んでみてください。この教科書で学ぶことで、フランス語がさまざまな国・地域で話される言語であることを理解し、フランス語を軸に多様な文化や歴史に触れてほしいというのが著者一同の願いです。

本書の作成にあたっては、名古屋外国語大学の先生方から多くの助言を得ました。この場を借りて御礼を申し上げます。また素敵なイラストを描いてくださった瀬川尚志さんにも、心から御礼を申し上げます。

本書をお使いくださる先生方には、お気づきの点についてご教示いただければ幸いです。

2017年10月
著者一同

LES PERSONNAGES
主な登場人物

Takeshi Yamaguchi
japonais

日本の大学で経営学・観光学を専攻。フランスの大手ホテルチェーンに就職し、パリでの1年間研修ののち、本書では世界各地のフランス語圏のホテルで勤務する。

Lisa Tompson
américaine

アメリカ・ボストン出身。パティシエとして、パリのレストランで働いている。タケシとはパリの語学学校でクラスメイトだった。

Minh Nguyen
français

ベトナム系フランス人。タケシの同僚。祖父が戦前フランスに留学し、以後フランスに移り住む。

PARALLÈLE 2

sommaire

	GRAMMAIRE	CONVERSATION
Leçon 1 p. 6	1 複合過去 2 croire, tenir の直説法現在 3 関係代名詞	La Défense
Leçon 2 p. 10	1 代名動詞 2 代名動詞の直説法複合過去 3 複合疑問代名詞	Quimper
Leçon 3 p. 14	1 boire, dormir の直説法現在 2 半過去 3 所有代名詞	Lyon（1）
Leçon 4 p. 18	1 複合過去と半過去の違い 2 vivre の直説法現在 3 大過去 4 指示代名詞	Les Alpes
Leçon 5 p. 22	1 ouvrir の直説法現在 2 受動態 3 過去分詞の形容詞的用法	Lyon（2）
Leçon 6 p. 26	1 sentir の直説法現在 2 比較級 3 最上級	La Côte d'Azur

	GRAMMAIRE	CONVERSATION
Leçon 7 p. 30	1 recevoir の直説法現在 2 中性代名詞	Toulouse
Leçon 8 p. 34	1 単純未来 2 前未来	Bruxelles
Leçon 9 p. 38	1 現在分詞 2 ジェロンディフ	La Nouvelle-Calédonie
Leçon 10 p. 42	1 条件法現在 2 条件法過去	Montréal
Leçon 11 p. 46	1 接続法現在 2 接続法過去	La ville de Québec
Leçon 12 p. 50	1 直接話法と間接話法 2 フランス語の4つの叙法	Strasbourg

p. 54　■ 数詞　■ 年号の読み方　■ 序数

Leçon 1 GRAMMAIRE

1 複合過去 (passé composé)

規則動詞（例外なし）

第一群規則動詞	
chanter	→ chanté
第二群規則動詞	
finir	→ fini

不規則動詞

avoir	→	eu	mettre	→	mis	pouvoir	→	pu
être	→	été	mourir	→	mort	prendre	→	pris
aller	→	allé	naître	→	né	venir	→	venu
faire	→	fait	partir	→	parti	voir	→	vu

chanter 🎧01

j'	ai chanté	nous	avons chanté
tu	as chanté	vous	avez chanté
il	a chanté	ils	ont chanté
elle	a chanté	elles	ont chanté

aller 🎧02

je	suis allé(e)	nous	sommes allé(e)s
tu	es allé(e)	vous	êtes allé(e)(s)
il	est allé	ils	sont allés
elle	est allée	elles	sont allées

・助動詞が être の場合、過去分詞は主語に性・数一致します。
・場所の移動や状態の変化を表す自動詞は、助動詞に être をとります。

aller	venir	partir	arriver	sortir	entrer	monter	descendre
naître	mourir	rester	tomber	devenir	retourner	rentrer	passer

● 自動詞と他動詞について

sortir（出かける / ～を出す）のように自動詞と他動詞の両方の用法を持つ動詞は、その用法によって助動詞を選ぶ必要があります。

Je *suis sorti(e)* avec des amis hier soir.　　昨晩、私は友人と出かけた。　🎧03
J'*ai sorti* mon portefeuille.　　私は財布を出した。

2 croire, tenir の直説法現在

croire 🎧04

je	crois	nous	croyons
tu	crois	vous	croyez
il	croit	ils	croient
elle	croit	elles	croient

過去分詞 cru

tenir 🎧05

je	tiens	nous	tenons
tu	tiens	vous	tenez
il	tient	ils	tiennent
elle	tient	elles	tiennent

同型の動詞 obtenir, soutenir　　過去分詞 tenu

Tu *crois* cette rumeur ?　　　　　　　Elle *tient* son parapluie à la main.
Je *crois* qu'elle est partie.　　　　　　On te *tient* au courant.

3 関係代名詞 (pronoms relatifs)

1. **qui**　先行する名詞は人、事物。後続する文の主語にあたります。

    Tu connais l'homme *qui* fume dehors ?
    Le chat *qui* marche dans la rue est mignon.

2. **que**　先行する名詞は人、事物。後続する文の直接目的語にあたります。
    関係詞節が複合時制の場合、性・数一致に注意。

    Nagoya est une ville *que* je ne connais pas.
    C'est une formation *que* j'ai vraiment envie de faire.
    Mon père a acheté cette carte postale. → C'est la carte postale *que* mon père a achetée.

3. **où** 先行する名詞は場所、時。

   Je cherche un café *où* je peux lire tranquillement.
   Le village *où* j'ai passé mes vacances est près de la mer.
   Elle se souvient du jour *où* elle est venue au Japon pour la première fois.

4. **dont** 先行する名詞は人、事物。後続する文と前置詞 de によって結ばれている場合。

   J'ai un ami *dont* la mère est médecin. (la mère *de* cet ami est médecin)
   J'ai acheté deux stylos *dont* un est bleu. (un *des* deux stylos)
   C'est le livre *dont* tu as besoin pour ton cours. (avoir besoin *de* ...)

   → 《avoir besoin de ... 》の他にも《être content de ... 》《être fier de ... 》《parler de ... 》なども de を含む表現。

EXERCISES

A. （ ）内の動詞を複合過去に活用させ、文全体を訳しましょう。

1. Hier, je _____ faire les courses. (aller)
2. On _____ le train à la Gare du Nord. (prendre)
3. Il _____ sortir hier soir. (ne pas pouvoir)
4. Laura _____ chez elle toute la journée. (rester)
5. Le magicien _____ un lapin de son chapeau. (sortir)

B. 適切な関係代名詞を書き、文全体を訳しましょう。

1. Ce sont les gants _____ mes parents ont achetés.
2. Tu connais une pâtisserie _____ on peut trouver de bons gâteaux ?
3. Tu connais quelqu'un _____ peut venir avec nous demain ?
4. Elise a deux filles _____ une est médecin.
5. Je cherche l'hôtel _____ mes amis travaillent.
6. C'est Jeanne _____ m'a aidé tout à l'heure.
7. Voilà la maison _____ on a parlé.

C. フランス語で表現しましょう。

1. マリーは腕に猫を抱えています。　　　　　　　　＊腕に : dans ses bras

2. 彼女は部屋にいると思いますか？

3. パリは私がまだ訪れたことがない街です。

Leçon 1 — CONVERSATION

La Défense

タケシはパリ近郊ラ・デファンスにあるホテル・フォワイエ本部のオフィスで、デュモン人事課長の面接を受けています。

Mme Dumont : Alors Takeshi, vous êtes en France depuis combien de temps ?
Takeshi : Depuis un an environ. Je suis arrivé l'année dernière, en avril.
Mme Dumont : Je vois que vous êtes de Nagoya. C'est une ville que je ne connais pas. C'est grand ?
Takeshi : Oui, c'est la quatrième ville du Japon. C'est dans la préfecture d'Aichi, la région où il y a l'entreprise Toyota.
Mme Dumont : Très bien. Que pensez-vous de votre travail dans notre entreprise ?
Takeshi : Le travail est très intéressant et les collègues sont gentils avec moi.
Mme Dumont : Qu'est-ce que vous aimez faire ?
Takeshi : J'adore les voyages et la gastronomie.
Mme Dumont : C'est parfait. Le mois prochain, vous allez commencer votre formation de manager. Votre première destination est la Bretagne.
Takeshi : Merci beaucoup, Madame. C'est une formation qui m'intéresse beaucoup.

COMPRÉHENSION

1. Nagoya est _____ ville du Japon.   [a. la première   b. la quatrième   c. la deuxième]
2. Quels sont les loisirs de Takeshi ?   [a. le sport   b. la gastronomie   c. les voyages]
3. Qu'est-ce que Mme Dumont propose à Takeshi ?
   [a. des vacances en Bretagne   b. un stage de formation   c. un travail de chef]

EXPRESSIONS

1. *Que penses-tu de* ton nouveau portable ?
   Que pensez-vous de ce livre ? / *Que penses-tu* de ce CD ?
   –*Je trouve qu*'il n'est pas mal.

2. J'adore la nature.
   –*C'est parfait* [*Ça tombe bien*]. Ce week-end, nous allons faire une promenade en forêt.

CONVERSATION **Leçon 1**

ACTIVITÉS

A. 例にならって、休暇中の出来事を説明しましょう。

ex. Pendant les vacances d'été, je *suis allé(e)* en *Thaïlande*.

ex. (je) aller – Thaïlande
1. (il) lire – roman
2. (ils) dîner – restaurant
3. (tu) voir – concert
4. (nous) faire des courses – marché
5. (vous) visiter – le musée du Louvre

B. あなたは春休み中に何をして過ごしましたか？説明しましょう。

DICTÉES

音源を聞いて、フランス語を書きましょう。

1. Julie _____ en France _____ au mois d'avril.
2. Le travail est très _____ et les _____ sont gentils avec moi.
3. C'est un travail _____ .

CIVILISATION

La Défense

La Défense est le quartier des affaires de Paris. C'est un quartier moderne où il y a beaucoup de grandes tours qui accueillent les sièges sociaux de grandes sociétés.
À la Défense, on peut visiter la grande Arche et admirer librement des œuvres d'art contemporain comme le Pouce de César et l'Araignée Rouge de Calder. Pour manger, voir un film ou faire ses courses, il y a aussi le centre commercial des Quatre Temps.

Leçon 2　GRAMMAIRE

1　代名動詞（verbes pronominaux）

再帰代名詞 se を伴って用いる動詞で、se は主語の人称に応じて変化します。

se laver

je	me lave	nous	nous lavons
tu	te laves	vous	vous lavez
il	se lave	ils	se lavent

→ me, te, se のあとに母音が続く場合はエリジオンします。
　Je *m'appelle* Sophie.

用法

1. **再帰的用法**　「自分（たち）自身を（に）〜する」

   直接目的　Je *me promène* dans le parc.　（*cf.* Je promène mon chien dans le parc.）
   　　　　　Il *se réveille* à sept heures.　（*cf.* Il réveille ses enfants à sept heures.）

   間接目的　Elle *se lave* les mains.　　×Elle se lave ses mains.
   　　　　　Je *me brosse* les dents.　　×Je me brosse mes dents.

2. **相互的用法**　「お互いに〜する」　主語は必ず複数。

   Nous *nous téléphonons* tous les jours.　　Ils *s'aiment* beaucoup.　　On *se tutoie* ?

3. **受動的用法・自動詞的用法**　「〜される」　主語は常に事物。

   Ce livre *se vend* bien.　　La porte *se ferme* automatiquement.（*cf.* 他動詞：Je ferme la porte.）

4. **熟語的用法**　代名動詞としてしか使われないもの。

   Vous *vous souvenez* de moi ?　　　　Je *m'occupe* des enfants.

   否定形　　　Je ne *me repose* pas …
   倒置疑問形　*Vous reposez*-vous … ?　　Ne *vous reposez*-vous pas … ?
   肯定命令形　*Repose-toi* …　　*Reposons-nous* …　　*Reposez-vou*s …
   否定命令形　Ne *te repose* pas …　　Ne *nous reposons* pas …　　Ne *vous reposez* pas …

2　代名動詞の直説法複合過去（verbes pronominaux au passé composé）

se laver

je	me suis lavé(e)	nous	nous sommes lavé(e)s
tu	t'es lavé(e)	vous	vous êtes lavé(e)(s)
il	s'est lavé	ils	se sont lavés
elle	s'est lavée	elles	se sont lavées

・助動詞は常に être をとります。

直接目的　Elles *se sont saluées*. (saluer 〜)　→　過去分詞が主語に性・数一致

間接目的　Elles *se sont dit* bonjour. (dire *qch* à 〜)　→　性・数一致しない

否定形　　　Je ne *me suis* pas *reposé(e)*…
倒置疑問形　*Vous êtes*-vous *reposé(e)(s)*…?　　Ne *vous êtes*-vous pas *reposé(e)(s)*…?

3　複合疑問代名詞（pronoms interrogatifs composés）

	単数	複数
男性	lequel	lesquels
女性	laquelle	lesquelles

Pour la prochaine réunion, *laquelle* de ces trois dates vous convient ?

Voici deux modèles, *lequel* préférez-vous ?

GRAMMAIRE Leçon 2

前置詞 à を含む形　(à + lequel~)　　auquel　　à laquelle　　auxquels　　auxquelles

　Auquel de tes parents ressembles-tu le plus ? (ressembler à ~)

前置詞 de を含む形　(de + lequel~)　　duquel　　de laquelle　　desquels　　desquelles

　Duquel de ces problèmes vont-ils parler au patron ? (parler de ~)

前置詞を伴う関係代名詞

　Je suis très reconnaissant aux collègues *avec lesquels* j'ai travaillé pour cette mission.

EXERCISES

A. (　) 内の動詞を直説法現在に活用させ、文全体を訳しましょう。

1. Avant de manger, je _____ les mains. (se laver)
2. Thomas et Jeanne _____ tôt le week-end. (ne pas se lever)
3. Ces médicaments _____ après les repas. (se prendre)
4. Je _____ pour aller au travail. (se préparer)

B. (　) 内の動詞を複合過去に活用させ、文全体を訳しましょう。

1. Nous _____ l'un l'autre. (se regarder)
2. Claire _____ tôt ce matin. (ne pas se réveiller)
3. Elles _____ très rapidement. (se coiffer)
4. Ils _____ l'année dernière. (se marier)

C. 命令形にしましょう。また [　] 内に動詞の不定法を書きましょう。

1. Tu te dépêches !　　→　_____ [　　　]
2. Vous vous asseyez.　→　_____ [　　　]
3. Tu ne te fâches pas !　→　_____ [　　　]

D. 複合疑問代名詞に注意して、文全体を訳しましょう。

1. Pour la finale, laquelle des deux équipes soutiens-tu ?
2. C'est un ami auquel je peux tout dire.
3. Il y a un petit village au cœur duquel se trouve une belle église.

E. フランス語で表現しましょう。

1. 私は 11 時頃に寝ます。

2. 今朝、彼女は化粧をしませんでした。

Leçon 2 — CONVERSATION

Quimper

タケシの地方研修が始まりました。最初の任地はブルターニュ地方のフォワイエ・カンペール・ホテル。着任して数日後、タケシはパリに住むリサに電話をします。

Lisa : Allô ! Qui est à l'appareil ?

Takeshi : Bonjour, Lisa. C'est Takeshi.

Lisa : Ah, Takeshi ! Comment vas-tu ? Alors, c'est comment la Bretagne ?

Takeshi : Quimper est une jolie ville et la cuisine bretonne est vraiment délicieuse. J'adore les crêpes et le cidre.

Lisa : Comment se passent tes journées ?

Takeshi : Eh bien, je me lève à 7h30, je me prépare et je prends le petit déjeuner. Ensuite, je travaille avec le manager de l'hôtel. Le soir, je me promène et je visite la ville. Hier soir, je me suis perdu et j'ai trouvé une pâtisserie dont la spécialité est le kouign-amann.

Lisa : Je t'envie. J'adore les gâteaux. Mais ne mange pas trop de pâtisseries, tu vas grossir !

Takeshi : Ne t'inquiète pas. Je ne suis pas très gourmand.

COMPRÉHENSION

1. Où est Takeshi ?
2. Que fait-il dans la journée ?
3. Qu'est-ce qui s'est passé hier soir ?

EXPRESSIONS

1. – *Allô ! Qui est à l'appareil ?*
   – C'est Louis. Je peux parler à Thomas ?
   – *Ne quittez pas. Je vous le passe.*

2. Tu as gagné au Loto ! Tu as de la chance ! *Je t'envie.*

3. *Ne t'inquiète pas !* Ce n'est pas difficile.
   Ne vous inquiétez pas. Ce n'est pas loin.

CONVERSATION **Leçon 2**

ACTIVITÉS

一日の行動を表現しましょう。

1. Que font-ils dans la journée ?
2. Et vous, que faites-vous dans la journée ?
3. Racontez votre journée d'hier.

DICTÉES

音源を聞いて、フランス語を書きましょう。

1. Je _____ à 7h30 et je _____ pour aller au bureau.
2. Le soir, après le travail, je _____ dans le parc près de chez moi.
3. L'an dernier, Lisa _____ dans les rues de Tokyo.

CIVILISATION

La Bretagne

La Bretagne, située dans l'ouest de la France, est une région qui a une forte identité culturelle. Elle a sa propre langue, le breton, et un folklore bien vivant. En été, à Lorient, se tient le grand festival interceltique où participent des formations de musique celtique de toute l'Europe. C'est aussi une région connue pour sa cuisine et plus particulièrement ses desserts : les crêpes, les galettes et palets bretons, le kouign-amann, le gâteau breton et le far, mais aussi pour ses produits de la mer comme les huîtres, le homard bleu et la soupe du pêcheur.

Leçon 3 GRAMMAIRE

1 boire, dormir の直説法現在

boire 🎧16

je	bois	nous	buvons
tu	bois	vous	buvez
il	boit	ils	boivent

過去分詞 bu

dormir 🎧17

je	dors	nous	dormons
tu	dors	vous	dormez
il	dort	ils	dorment

過去分詞 dormi

Il *boit* une tasse de thé.
Tu *bois* du vin ou de la bière ?

Mes enfants *dorment* profondément.
Tu *dors* comme un bébé.

2 半過去（imparfait）

 語幹 + 活用語尾（-ais, -ais, -ait, -ions, -iez, -aient）

chanter 🎧18

je	chant**ais**	nous	chant**ions**
tu	chant**ais**	vous	chant**iez**
il	chant**ait**	ils	chant**aient**

être 🎧19

j'	étais	nous	étions
tu	étais	vous	étiez
il	était	ils	étaient

語幹は直説法現在 nous の活用から -ons を除いた形。

chanter	nous chant**ons**	→	je chant**ais**	
avoir	nous av**ons**	→	j'av**ais**	
finir	nous finiss**ons**	→	je finiss**ais**	être のみ例外の語幹で ét- → j'étais

 1. 過去のある時点における継続中の行為や状態を表します。

Hier, je suis allé à la mer, il *faisait* beau.
Elle *avait* trois ans quand sa sœur est née.

2. 過去における反復や習慣を表します。

Il *payait* son loyer au début de chaque mois.
Dans mon enfance, j'*allais* souvent chez ma grand-mère.

● 〈Si ＋半過去〉で勧誘や提案を表します。
Si on *mettait* la radio ?
Si on *partait* au bord de la mer ce week-end ?

3 所有代名詞（pronoms possessifs） 🎧20

	男性単数	女性単数	男性複数	女性複数
私のもの	le mien	la mienne	les miens	les miennes
君のもの	le tien	la tienne	les tiens	les tiennes
彼・彼女のもの	le sien	la sienne	les siens	les siennes
私たちのもの	le nôtre	la nôtre	les nôtres	
君たち・あなたたち・あなたのもの	le vôtre	la vôtre	les vôtres	
彼ら・彼女たちのもの	le leur	la leur	les leurs	

GRAMMAIRE Leçon 3

Tu vois cette voiture ? C'est **la mienne**.
Mon père est très âgé, mais **le tien** est encore jeune.
Tu as oublié tes ciseaux ? Je te prête **les miens** si tu veux.

EXERCISES

A. ( ) 内の動詞を半過去形に活用させ、文全体を訳しましょう。

1. Nous _____ souvent du pain dans cette boulangerie. (acheter)
2. Cet été, il _____ très chaud. (faire)
3. Ils sont déjà repartis, ils ne _____ pas rester longtemps. (pouvoir)
4. Ses enfants _____ une bande dessinée quand Julie est rentrée. (lire)
5. Si on _____ à la mer ce week-end ? (aller)

B. 例にならって、半過去の動詞に下線を引きましょう。[ ] に不定法を書き、文全体を訳しましょう。

ex. Je parlais avec mon ami. [parler]

1. Elle passait souvent le week-end à la campagne. [   ]
2. À cette époque-là, j'apprenais l'anglais au collège. [   ]
3. Ma femme et moi, nous partions en vacances chaque été. [   ]
4. Nous connaissions M. Martin depuis six mois quand nous l'avons invité [   ]
   chez nous.
5. Après les cours, nous buvions souvent dans un bar en face de la mairie. [   ]

C. 下線部の語句を所有代名詞に書き換えましょう。

1. Voici mes livres et tes livres.
2. Le fils du voisin joue au foot, mon fils joue au tennis.
3. Notre maison est moins grande que votre maison.

D. フランス語で表現しましょう。

1. 去年、私たちは同じ界隈に住んでいました。　　　　　　　　＊同じ界隈：dans le même quartier

2. あなたはよく眠れましたか？（複合過去で）

3. 土曜日、映画に行きませんか？

15

Leçon 3 — CONVERSATION

Lyon（I）

次の研修地はリヨンのフォワイエ・パール・デュー・ホテル。同僚のミンがパリからやって来ます。

Takeshi : Minh, tu restes à Lyon pour longtemps ?

Minh : Non, seulement ce week-end. Je suis venu pour l'anniversaire de mon grand-père. Dimanche, il fête ses 75 ans. Tu sais Takeshi, je m'ennuie un peu depuis que tu es parti. Tu ne regrettes pas Paris ?

Takeshi : Si bien sûr. Mais Lyon est aussi une grande ville. Ce sont mes amis qui me manquent le plus. Je me souviens qu'on allait souvent dans les cafés avec Lisa pour discuter. Et chaque semaine, on visitait un monument parisien.

Minh : Oui, c'est vrai, c'était vraiment sympa. Au fait, Lisa, tu l'as revue ?

Takeshi : Non, pas encore, mais on s'appelle souvent et elle doit venir dans deux semaines. On va faire un petit voyage en Suisse.

Minh : Hé. Hé …

Takeshi : Mais non, ce n'est pas ce que tu crois.

COMPRÉHENSION

1. Pour quelle raison Minh est-il venu à Lyon ?
2. Qu'est-ce qui manque le plus à Takeshi ?
3. Qu'est-ce que Takeshi et Lisa ont prévu de faire ensemble ?

EXPRESSIONS

1. Le Japon me *manque*.
   Tu me *manques* beaucoup.

2. *Au fait*, Lisa, tu l'as revue ?
   À propos, vous avez des projets pour les vacances ?

3. Dans ce village, il n'y a rien à faire, je *m'ennuie* à mourir.
   Ça *m'ennuie* de venir demain. J'ai un autre rendez-vous.

CONVERSATION

Leçon 3

ACTIVITÉS

A. 例にならって、テオとレアが子供の頃に何をしていたかをやりとりしましょう。

ex. A: Que faisaient Théo et Léa quand ils étaient petits ?
     B: Ils allaient à l'école en bus.

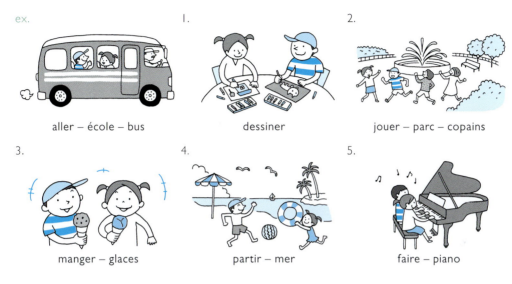

ex. aller – école – bus
1. dessiner
2. jouer – parc – copains
3. manger – glaces
4. partir – mer
5. faire – piano

B. 質問に答えましょう。

Et vous, qu'est-ce que vous faisiez quand vous étiez au collège et au lycée ?

DICTÉES

音源を聞いて、フランス語を書きましょう。

1. Je me souviens qu' _____ dans les cafés pour discuter après le travail.
2. Martin _____ un peu depuis que sa sœur _____.
3. Ma vie à Nagoya avec mes amis _____ beaucoup.

CIVILISATION

Lyon

Lyon est la troisième ville française avec 500 000 habitants. Située dans la région Auvergne-Rhône-Alpes, la ville a été fondée par les Romains et était la capitale des Gaules. Lyon possède de nombreux bâtiments et sites touristiques comme la basilique Notre-Dame de Fourvière, le Musée des Beaux-Arts de Lyon, le quartier du Vieux Lyon classé au patrimoine mondial de l'UNESCO et le grand parc de la Tête d'Or avec ses 15 000 variétés de fleurs.

Leçon 4 GRAMMAIRE

1 複合過去（passé composé）と半過去（imparfait）の違い

A: Au moment où Jérôme est arrivé à la gare, le train *partait*.
B: Au moment où Jérôme est arrivé à la gare, le train *est parti*.

Aの半過去の文では電車は出発しておらず、Bの複合過去の文では電車が出発してしまっています。半過去は未完了、複合過去は完了を表します。

半過去は「～していた」というような継続性のある過去を表すことができます。期間が明示されている場合には複合過去を使います。

Elise *a habité* au Japon pendant dix ans.

2 vivre の直説法現在

vivre

je	vis	nous	vivons
tu	vis	vous	vivez
il	vit	ils	vivent

過去分詞 vécu

Ses parents *vivent* à la campagne.
Mon chien a *vécu* quinze ans.

3 大過去（plus-que-parfait）

形態 助動詞（avoir または être）の半過去＋過去分詞

manger

j'	avais mangé	nous	avions mangé
tu	avais mangé	vous	aviez mangé
il	avait mangé	ils	avaient mangé

partir

j'	étais parti(e)	nous	étions parti(e)s
tu	étais parti(e)	vous	étiez parti(e)(s)
il	était parti	ils	étaient partis
elle	était partie	elles	étaient parties

→ 助動詞に avoir をとるか être をとるかは複合過去の時と同様。être をとる場合、過去分詞は主語に性・数一致します。

用法 大過去は、過去のある時点以前に完了した行為や出来事を表します（～していた／～してしまっていた）。

Quand elle est arrivée à la gare, le train *était* déjà *parti*.
Hélène était absente de la réunion parce qu'elle *avait attrapé* un rhume.
Hier soir, nous avons vu le film que tu nous *avais conseillé*.

GRAMMAIRE Leçon 4

4 指示代名詞 (pronoms démonstratifs)

すでに出てきた名詞のかわりに使われ、それが表すものの性・数に一致します。

	単数	複数
男性	celui	ceux
女性	celle	celles

Je pensais prendre le train de 9 heures, mais j'ai pris *celui* de 10 heures.

Je cherchais la clé de ma maison tout à l'heure, mais maintenant je cherche *celle* de mon bureau.

EXERCISES

A. (　) 内の動詞を複合過去もしくは半過去に活用させ、文全体を訳しましょう。

1. Quand Philippe _____ Aurélie, elle _____. (trouver / pleurer)
2. Elle _____ quand elle _____ jeune. (fumer / être)
3. Il _____ à Paris de 2010 à 2015. (vivre)
4. Je _____ souvent des glaces quand j'_____ petit. (manger / être)
5. Quand je _____ chez moi, mon fils _____. (arriver / partir)

B. (　) 内の動詞を大過去に活用させ、文全体を訳しましょう。

1. Quand je me suis réveillé, mes parents _____ le petit déjeuner. (prendre)
2. Elle est arrivée chez elle à midi, mais sa mère _____. (partir déjà)
3. Il est retourné à la bibliothèque parce qu'il _____ son dictionnaire. (oublier)
4. Elle _____ avant mon retour au Japon. (se marier)
5. Mes enfants _____ la mer avant leur venue à Marseille. (ne jamais voir)

C. 下線部を指示代名詞で書き換えましょう。

1. Ce n'est pas mon parapluie. Tu peux me donner le parapluie qui est à côté de la porte ?
2. J'aime bien les pommes de Nagano, mais je préfère les pommes d'Aomori.
3. Je me souviens de mes amis d'enfance, surtout les amis du lycée.

D. フランス語で表現しましょう。

1. 今朝、私が目覚めたとき、雨が降っていました。

2. 君が彼女に電話をしたとき、彼女はすでに大学に着いていました。

Leçon 4 — CONVERSATION

Les Alpes

タケシとリサは休暇をとり、スイスのアルプスで合流しました。

Lisa : Qu'est-ce que c'est beau ! Le paysage est vraiment magnifique !
Takeshi : Ça me rappelle ma jeunesse à Nagano.
Lisa : C'est là où il y a eu les Jeux olympiques d'hiver ?
Takeshi : Oui, c'est ça, en 1998. C'est dans les Alpes japonaises. Quand j'étais jeune, chaque année en hiver, j'allais là-bas pour voir mes grands-parents. Le soir, on prenait un bain chaud dans une station thermale. C'était très agréable.
Lisa : Ça a l'air super. Moi aussi, j'aimerais bien aller à Nagano.
Takeshi : Mais attention, c'est une région sauvage. Je me souviens qu'un jour, quand on marchait dans la forêt, on a vu un ours. On a eu très peur.
Lisa : Ah oui, en effet, quand je vivais aux États-Unis, un grizzli est venu près de la maison. Nous étions inquiets car il y avait eu plusieurs accidents cette année-là.
Takeshi : C'est drôle Lisa, on a beaucoup de souvenirs similaires.
Lisa : Oui, et je trouve qu'on est vraiment bien ensemble.

COMPRÉHENSION

1. Que faisait Takeshi en hiver quand il était jeune ?
2. Où était Lisa quand elle a vu un grizzli ?
3. Pensez-vous que Lisa et Takeshi s'entendent bien ? Pourquoi ?

EXPRESSIONS

1. *Quelle* surprise ! *Quel* bonheur !
   *Qu'*il est mignon ton petit chat !

2. Je n'ai pas encore vu ce film, mais il *a l'air* super.
   Quand elle m'a revu, elle *avait l'air* heureuse.
   Ça n'*a pas l'air* génial.

CONVERSATION **Leçon 4**

ACTIVITÉS

A. 複合過去あるいは半過去のうち、適切なほうを選びましょう。

Ce week-end, nous [sommes allés / allions] au bord de la mer. Il y [a eu / avait] beaucoup de monde sur la plage. Il [a fait / faisait] très chaud. D'abord, nous [avons joué / jouions] au volley, puis nous nous [sommes baignés / baignions]. L'eau [a été / était] très chaude. Le soir, nous [avons mangé / mangions] des fruits de mer dans un petit restaurant du port.

B. 時制に注意して、過去形に書き換えましょう。

Cet hiver, je passe une journée à la montagne. Le matin, je fais du ski. Comme le paysage est très beau, je prends beaucoup de photos. Il y a du soleil. C'est agréable. Le midi, je mange un sandwich sur les pistes. Quand je retourne à la voiture, je vois mon professeur de français. Je suis surpris.

_____
_____
_____
_____

C. 週末もしくは旅行中に何をしたか書いてみましょう。

DICTÉES   音源を聞いて、フランス語を書きましょう。

1. Quand _____ jeune, chaque année en été, _____ voir mes grands-parents.
2. _____ ma jeunesse à Nagano.
3. Je _____ qu'on est vraiment bien ensemble.

CIVILISATION

Les Alpes

Les Alpes sont une chaîne de montagnes dont le sommet le plus haut est le Mont-Blanc à 4809 m. On peut y aller à partir de Chamonix en France ou de Courmayeur en Italie. Le domaine des 3 vallées, en Savoie, est l'un des plus grands domaines skiables du monde avec 321 pistes pour 600 km de descente. Cette région est aussi connue pour la fondue savoyarde, la raclette et la tartiflette, trois spécialités à base de fromage.

Leçon 5 GRAMMAIRE

1 ouvrir の直説法現在

ouvrir

j'	ouvre	nous	ouvrons
tu	ouvres	vous	ouvrez
il	ouvre	ils	ouvrent

過去分詞 ouvert
同型の動詞 couvrir, découvrir

Quelqu'un *ouvre* la porte.
Tu *ouvres* les rideaux, s'il te plaît ?

2 受動態（voix passive）

 主語 + être の活用形 + 過去分詞 + par/de~

過去分詞は主語の性・数に一致します。
「〜によって」という動作主は par で示します。ただし、aimer, connaître など継続的な状態を表す場合は de で動作主を示します。

 1. 現在形

Maria *est invitée par* ses amis. = Ses amis invitent Maria.

Ces chansons *sont connues de* tout le monde. = Tout le monde connaît ces chansons.

2. 複合過去

Maria *a été invitée par* ses amis. = Ses amis ont invité Maria.

Ces maisons *ont été construites par* une petite entreprise.
 = Une petite entreprise a construit ces maisons.

● 動作主が省略される場合もあります。

On attend les vacances. → Les vacances sont attendues.
On ouvre la boutique à neuf heures. → La boutique est ouverte à neuf heures.

3 過去分詞の形容詞的用法（participe passé employé comme adjectif）

過去分詞によって名詞を後ろから修飾する用法。過去分詞は名詞の性・数に一致し、動作や完了の受け身の意味を表します。

C'est un calendrier *offert* par mes collègues.

Le Petit Prince est un roman *écrit* par Antoine de Saint-Exupéry.

Le voyage de Chihiro et *Porco Rosso* sont des films *réalisés* par Hayao Miyazaki.

GRAMMAIRE Leçon 5

EXERCISES

A. （　）内の動詞を受動態にして、文全体を訳しましょう。

1. Ces hôtels vont être (acheter) _____ par un millionnaire.

2. Ces dossiers sont (examiner) _____ par le directeur.

3. Mathilde est (aimer) _____ de tout le monde.

4. Cette ville est (entourer) _____ d'un mur.

5. Le bureau de poste est (fermer) _____ le dimanche.

6. Ces colis ont été (envoyer) _____ par mes grands-parents.

7. La lettre a été bien (recevoir) _____ .

B. 受動態にして、文全体を訳しましょう。

1. Edith Piaf a chanté cette chanson.

2. On attend les clients à l'entrée.

3. Jérôme a écrit ces lettres.

4. Tous les élèves respectent ce professeur.

5. Mon grand-père a fondé cette société.

6. On a annoncé une bonne nouvelle à la radio.

C. フランス語で表現しましょう。

1. 毎朝、オフィスのドアを開けるのはリサです。

2. これらのプレゼントはマリーとポールがくれました。（受動態で）

Leçon 5 — CONVERSATION

Lyon (2)

休暇を終えてリヨンに戻ったタケシ。今日は外がずいぶんにぎやかです。

Un client : Excusez-moi, mais dehors il y a beaucoup de monde. Qu'est-ce qui se passe ?
Takeshi : Aujourd'hui, c'est le 21 juin. C'est la fête de la musique, Monsieur.
Un client : La fête de la musique… C'est une fête lyonnaise ?
Takeshi : Non, Monsieur. C'est une fête qui est organisée dans toute la France pour célébrer la musique et l'arrivée de l'été.
Un client : Ah bon. Qu'est-ce qu'on fait exactement ce jour-là ?
Takeshi : Eh bien, partout dans les rues, il y a des concerts. Tout le monde peut sortir un instrument de musique et jouer n'importe où.
Un client : C'est original. Y a-t-il des fêtes traditionnelles à Lyon ?
Takeshi : Oui plusieurs. Par exemple la fête des Lumières est très populaire. Mais, elle a lieu en hiver, le 8 décembre.

COMPRÉHENSION

1. Que se passe-t-il le 21 juin en France ?
2. Quelle est la fête la plus populaire à Lyon ?
3. En quelle saison a lieu cette fête ?

EXPRESSIONS

1. *Qu'est-ce qui se passe ?* – J'ai perdu mes clés.
   Qu'est-ce qui s'est passé ? – Il y a eu un accident dans la rue.

2. Je peux dormir *n'importe où*, j'ai le sommeil facile.
   Ne parle pas à *n'importe qui* ! C'est dangereux.
   Ne dis pas *n'importe quoi* ! Réfléchis bien avant de parler.
   Tu peux venir *n'importe quand*. Je reste jusqu'à ce soir.
   Il travaille *n'importe comment*, il n'est pas sérieux.

CONVERSATION — Leçon 5

ACTIVITÉS

A. 動詞 découvrir, construire, concevoir, écrire, réaliser を使い、例にならって、受動態で書きましょう。

ex. Les Antilles *ont été découvertes par* Christophe Colomb en 1492.

ex.

1492 : Christophe Colomb
découverte des Antilles

1.

1885 : Pasteur
découverte du vaccin contre la rage

2.
1830 : Delacroix
réalisation du tableau
la Liberté guidant le peuple

3.

1989 : Architecte Pei
conception de la pyramide du Louvre

4.

1889 : Gustave Eiffel
construction de la tour Eiffel

5.

1862: Victor Hugo
le roman *Les Misérables*

B. 例にならって、新聞のタイトルを受動態で書いてみましょう。

ex. Donald Trump *a été élu* Président des États-Unis en 2016.

DICTÉES

音源を聞いて、フランス語を書きましょう。

1. C'est une fête qui _____ dans toute la France.
2. La fête des Lumières _____ en hiver au mois de décembre.
3. Tout le monde peut jouer de la musique _____.

CIVILISATION

Les bouchons lyonnais

Lyon est bien connu pour ses bouchons. Ce sont des restaurants typiques où l'on peut déguster les spécialités de la région : la salade lyonnaise avec ses lardons et son œuf mollet, la rosette et le Jésus de Lyon ou encore les quenelles à la sauce Nantua. Les plats sont généralement accompagnés d'un pot lyonnais, pichet de vin de la région comme le Beaujolais et le Côte du Rhône. Gnafron, ami de Guignol dans le théâtre traditionnel de marionnettes, est devenu le symbole de ces établissements.

Leçon 6 GRAMMAIRE

1 sentir の直説法現在

sentir			
je	sens	nous	sentons
tu	sens	vous	sentez
il	sent	ils	sentent

過去分詞 senti
同型の動詞 partir, sortir, dormir, servir

Je *sens* la fatigue.
Ça *sent* bon.

2 比較級 (comparatif)

1. 形容詞 / 副詞

   優等 (+) plus
   同等 (=) aussi + 形容詞 / 副詞 + que
   劣等 (−) moins

   Cécile est *plus* [*aussi* / *moins*] grande *que* Pierre.
   Pierre court *plus* [*aussi* / *moins*] vite *que* Charles.

2. 形容詞 bon、副詞 bien の特殊な優等比較級

   bon(ne)(s) → meilleur(e)(s)   Ce vin est *meilleur que* l'autre.   × plus bon
   bien → mieux   Anne danse *mieux qu*e Sophie.   × plus bien

3. 名詞

   優等 (+) plus de
   同等 (=) autant de + 名詞 + que
   劣等 (−) moins de

   Sophie a *plus de* [*autant de* / *moins de*] robes *que* Cécile.

3 最上級 (superlatif)

1. 形容詞

   優等 (+) 定冠詞 plus
   劣等 (−) (le, la, les) + moins + 形容詞 + de

   Nathalie est *la plus* grande *de* la famille.   C'est le fleuve *le plus* long *de* la région.

2. 副詞

   優等 (+) 定冠詞 plus
   劣等 (−) (le) + moins + 副詞 + de

   Pierre court *le moins* vite *de* la classe.

3. 形容詞 bon、副詞 bien の特殊な最上級

   bon(ne)(s) → le meilleur, la meilleure, les meilleur(e)s

   Qui est *le meilleur* chanteur du monde ?   × le plus bon

   bien → le mieux

   Anne danse *le mieux* de la classe.   × le plus bien

GRAMMAIRE Leçon 6

EXERCISES

A. 例にならって比較級の文を作り、文全体を訳しましょう。

ex. Maxime est ___plus grand que___ Jean. (grand +).

1. Mon professeur est _____ le tien. (gentil =)
2. Ma voiture roule _____ celle de Daniel. (vite +)
3. La Seine est _____ la Loire. (long −)
4. Ce vin est _____ celui d'hier. (bon +)
5. Matthieu lit _____ Pierre. (livres =)

B. 例にならって最上級の文を作り、文全体を訳しましょう。

ex. Adèle est petite. (la classe) (+) → Adèle est la plus petite de la classe.

1. Jacques est bavard. (le groupe) (−) _____
2. Qui cuisine bien dans ta famille ? (+) _____
3. Le printemps est une saison agréable. (l'année) (+) _____
4. C'est un bon restaurant. (la région) (+) _____
5. Dans la classe, c'est Michel qui répond souvent aux questions. (−) _____

C. 日本語に合うように、指示された語を用いて文を完成させましょう。

1. フランス人は、日本人よりもたくさんのヴァカンスをとる。

   Les Français _____

   [de / que / les / Japonais / vacances / prennent / plus]

2. 私は、今年一番面白い推理小説を読んだ。

   J' _____

   [le / policier / année / ai / le / cette / roman / lu / de / intéressant / plus]

3. 彼は、あなたが思っているほど勤勉ではありません。

   Il _____

   [vous / aussi / n' / que / est / croyez / pas / studieux]

D. フランス語で表現しましょう。

1. この香水は私のものよりもいい香りがする。

   _____

2. 野球は日本で最も人気のあるスポーツです。　　　　　　　　　　　　＊野球：le base-ball

   _____

3. これがクラスのなかで一番上手に泳いだ生徒です。(Voici... から始める)

   _____

27

Leçon 6 — CONVERSATION

La Côte d'Azur

タケシは同僚のサンドリーヌと夏のバカンスについて話しています。

Takeshi : Ça alors ! Tu es bien bronzée Sandrine !

Sandrine : Je reviens de la Côte d'Azur. On a eu un temps superbe. Et toi, Takeshi, ces vacances au Japon ! Ça s'est bien passé ?

Takeshi : Oui, très bien. Mais il fait très chaud en été. En plus, l'air est beaucoup plus humide qu'en France. Ce n'est pas très agréable.

Sandrine : Combien de temps es-tu resté là-bas ?

Takeshi : Deux semaines environ. J'ai pu revoir toute ma famille et manger de la cuisine japonaise. Ça faisait longtemps.

Sandrine : Pourtant il y a beaucoup de restos japonais à Lyon.

Takeshi : Oui, c'est vrai, mais ce n'est pas la même chose. Il n'y a pas autant de diversité. Et, je trouve que les sushis sont moins frais qu'au Japon.

Sandrine : J'ai vraiment envie de visiter ton pays. Quelle est la meilleure saison pour aller là-bas ?

Takeshi : Pour moi, le mieux, c'est le printemps. Les cerisiers sont en fleur et il fait doux.

COMPRÉHENSION

1. Où Takeshi est-il allé pendant ses vacances ?
2. Qu'est-ce qu'il a fait là-bas ?
3. Selon Takeshi, quelle est la meilleure saison pour visiter son pays ?

EXPRESSIONS

1. Votre voyage *s'est bien passé* ? Vous n'avez pas eu de problème ?
   – Non, tout *s'est bien passé*. C'était parfait.

2. *Ça fait* longtemps (qu'on ne s'est pas vus) !
   – Oui, *ça fait* 10 ans déjà.

3. *Qu'est-ce que tu deviens* ?
   – J'ai fini mes études et je travaille comme interprète.

CONVERSATION Leçon 6

ACTIVITÉS

A. 例にならって、比較級の文にしましょう。

ex. Margot est *plus grande que* Louis.

ex.

Margot et Louis
(grand ou petit)

1.

Sophie et Julie
(jeune ou âgé)

2.

un crayon et un stylo-plume
(cher ou bon marché)

3.

Un repas dans un fast-food ou dans un grand restaurant (bon)

4.

Un scooter et une moto de course (rouler – vite)

5.

Léonie et Patrice
(étudier – bien)

B. 例にならって、最上級の文にしましょう。

ex. Tokyo – ville – Japon → Tokyo est la plus grande ville du Japon.

1. L'Everest – montagne – monde → _____
2. La Loire – fleuve – France → _____
3. Le Vatican – État – monde → _____

DICTÉES 音源を聞いて、フランス語を書きましょう。

1. Il fait très chaud en été et l'air est beaucoup _____ en France.
2. Je trouve que les sushis en France _____ au Japon.
3. Quelle est _____ pour visiter le Japon ?

CIVILISATION

La Côte d'Azur

La Côte d'Azur est la partie sud-est de la côte méditerranéenne française. Ses limites ne sont pas fixées précisément. Elles iraient de Cassis près de Marseille à la frontière italienne. Nice est considérée comme la capitale de la région. Grâce à son climat ensoleillé, ses célèbres stations balnéaires et ses villages haut perchés, la Côte d'Azur attire des touristes du monde entier. La pissaladière, la ratatouille, le Pastis et le rosé sont des spécialités à déguster à tout prix, mais avec modération.

Leçon 7 GRAMMAIRE

1 recevoir の直説法現在

recevoir			
je	reçois	nous	recevons
tu	reçois	vous	recevez
il	reçoit	ils	reçoivent

過去分詞 reçu

Je *reçois* beaucoup de mails.
Ce soir, nous *recevons* des amis chez nous.

2 中性代名詞 (pronoms neutres) en, y, le

1. **en**

   a. 〈不定冠詞・部分冠詞・数量副詞・数＋名詞〉に代わります。

   Avez-vous du temps ?　　– Oui, j'*en* ai. / Non, je n'*en* ai pas.
   Tu manges de la viande ?　　– Oui, j'*en* mange. / Non, je n'*en* mange pas.
   Il reçoit beaucoup de courriers ?
   　　– Oui, il *en* reçoit beaucoup. / Non, il n'*en* reçoit pas beaucoup.
   Elle a acheté deux pommes ?
   　　– Oui, elle *en* a acheté deux. / Non, elle n'*en* a pas acheté.

   b. 〈前置詞 de ＋語句（物を表す名詞・動詞の不定法など）〉に代わります。

   Tu as besoin de ce dictionnaire ?　　– Oui, j'*en* ai besoin. （→ avoir besoin de …）
   Ils vont voyager en Nouvelle-Calédonie. Ils *en* sont très contents. （→ être content de …）

   ● 人の場合は en ではなく、〈de ＋人称代名詞強勢形〉。
   　Je me souviens de ce film. → Je m'*en* souviens.
   　Je me souviens de Clément. → Je me souviens *de lui*.　　×Je m'en souviens.

   c. 〈de ＋場所〉に代わります。

   Elle est à Paris en ce moment. Elle *en* revient demain. （→ Elle revient de Paris.）

2. **y**

   a. 〈前置詞 à ＋語句（物を表す名詞・動詞の不定法など）〉に代わります。

   Elle pense à changer de vie ?　　– Oui, elle *y* pense. / Non, elle n'*y* pense pas.
   Tu as déjà répondu à son mail ?　　– Oui, j'*y* ai répondu.
   　　– Non, je n'*y* ai pas encore répondu.

   ● 人の場合は y ではなく、間接目的補語や〈à ＋人称代名詞強勢形〉。
   　Elle pense à son petit ami ?　　– Oui, elle pense *à lui*. / Non, elle ne pense pas *à lui*.
   　Tu as déjà répondu à Sophie ?　　– Oui, je *lui* ai déjà répondu.
   　　– Non, je ne *lui* ai pas encore répondu.

   b. 〈à あるいは dans, chez などの前置詞＋場所〉に代わります。

   Vous allez à la montagne ce week-end ?　　– Oui, nous *y* allons pour prendre des photos.
   Depuis quand travaillez-vous dans cet hôtel ?　　– J'*y* travaille depuis l'année dernière.

GRAMMAIRE **Leçon 7**

3. **le**

a. 形容詞や名詞など属詞に代わります（性・数は関係しない）。

Il est fier de sa victoire, comme nous *le* sommes, nous aussi.

C'est une artiste. Elle *l'*est de nature.

b. 目的語としての文や動詞の不定法に代わります。

Elle ne vient pas aujourd'hui. – Je *le* sais.

Rappelle-moi, quand tu *le* pourras.

EXERCISES

A. 中性代名詞 en を用いて答え、文全体を訳しましょう。

1. Parlez-vous de ce projet avec vos collègues ? – Oui, _____ souvent.
2. Combien d'enfants ont-ils ? – _____ trois.
3. Elles reviennent directement de l'école ? – Non, _____ directement.
4. Moi, je fais le ménage. Toi, tu t'occupes du dîner ? – D'accord, _____.

B. 中性代名詞 y を用いて答え、文全体を訳しましょう。

1. Tu penses à ton examen ? – Oui, _____ tout le temps.
2. Il habite dans son nouvel appartement ? – Oui, _____.
3. Sont-elles restées chez leurs amis ? – Non, _____.
4. Qui participe à cette réunion ? – Tout le monde _____.

C. 中性代名詞 en, y, le のいずれかを書き、文全体を訳しましょう。

1. J'ai eu de bonnes notes et j'_____ suis ravi.
2. Elle avait déménagé. Mais je ne _____ savais pas jusqu'à ce matin.
3. Vous me recommandez ce restaurant ? – Oui, on _____ mange bien.
4. Pierre est-il toujours malade ? Non, il ne _____ est plus.

D. フランス語で表現しましょう。

1. ワインはありますか？ －はい、まだあります。

2. あなたは将来について考えていますか？ －はい、ときどき考えています。　＊ときどき：de temps en temps

3. 1週間前、私は娘から手紙を受け取りました。

Leçon 7 — CONVERSATION

Toulouse

次の研修地はトゥールーズのフォワイエ・キャピトル・ホテルです。タケシは、モントリオールからの宿泊客トランブレさんを迎えています。

Takeshi : Bonjour, Madame Tremblay. Vous avez fait bon voyage ?
Mme Tremblay : Oui, merci. Mais je suis encore un peu fatiguée à cause du décalage horaire.
Takeshi : C'est normal. Montréal, c'est très loin de la France.
Mme Tremblay : Je vous remercie beaucoup de me servir de guide aujourd'hui.
Takeshi : C'est un plaisir. C'est votre première visite à Toulouse ?
Mme Tremblay : Oui, mais c'est mon deuxième voyage en France. Je suis venue pour les vacances l'année dernière.
Takeshi : On m'a dit que vous étiez dans l'aéronautique.
Mme Tremblay : Tout à fait. C'est la raison de mon voyage ici.
Takeshi : Avez-vous déjà visité le Capitole ? C'est l'Hôtel de ville de Toulouse.
Mme Tremblay : Oui, j'y suis allée ce matin. C'est un très beau bâtiment du XVIIIe siècle.
Takeshi : Cet après-midi, je vous propose d'aller à la Basilique Saint-Sernin et sur le Canal du Midi. Ces deux sites sont inscrits au patrimoine mondial de l'UNESCO.

COMPRÉHENSION

1. D'où vient Madame Tremblay ?
2. Quand est-elle déjà venue en France ?
3. Dans quel secteur travaille-t-elle ?

EXPRESSIONS

1. Il est arrivé en retard *à cause d*'un accident.
   Le barbecue a été annulé *à cause de* la pluie.

2. J'ai pu aller étudier en France *grâce à* la bourse de mon université.
   Grâce à lui, j'ai eu des billets pour le concert.

3. Vous *êtes dans* l'aéronautique ?
   – Non, je *suis dans* l'informatique. Je suis programmeur.

CONVERSATION **Leçon 7**

ACTIVITÉS

A. 下線部を入れかえて、やりとりしましょう。

1. Avez-vous déjà mangé des escargots ?
   – Oui, j'*en* ai déjà mangé.
   – Non, je n'*en* ai jamais mangé.

2. Êtes-vous déjà allé en Italie ?
   – Oui, j'*y* suis déjà allé. / – Oui, j'*y* suis allé il y a deux ans.
   – Non, je n'*y* suis jamais allé.

3. Est-ce que tu savais qu'il y avait plus de mille variétés de fromages en France ?
   – Oui, je *le* savais.
   – Non, je ne *le* savais pas.

B. grâce à もしくは à cause のどちらかを書き、文を完成させしょう。

1. Nous avons eu un accident _____ de la neige.
2. _____ mon père, j'ai pu avoir deux places pour le concert.
3. Ce magasin est fermé _____ des vacances.

DICTÉES

音源を聞いて、フランス語を書きましょう。 (46)

1. Des entreprises d'aéronautique, _____ beaucoup près de Toulouse.
2. Le Capitole, _____ ce matin. C'est un _____ du XVIIIe siècle.
3. Je voudrais visiter tous les sites _____ de l'UNESCO.

CIVILISATION

La région Sud-Ouest

Le Sud-Ouest est une région qui englobe la Nouvelle Aquitaine et l'Occitanie. Toulouse, la ville rose, en est la capitale régionale. C'est une région où le rugby est très populaire et dont la gastronomie est très réputée. Les vins de Bordeaux, le foie gras, le confit de canard, la truffe ou le cassoulet sont quelques exemples marquants des spécialités de la région. C'est une région qui a aussi un patrimoine culturel très important comme la grotte de Lascaux et le village de Rocamadour.

Leçon 8 GRAMMAIRE

1 単純未来 (futur simple)

形態 語幹 + 活用語尾 (-rai, -ras, -ra, -rons, -rez, -ront)

chanter

je	chante**rai**	nous	chante**rons**
tu	chante**ras**	vous	chante**rez**
il	chante**ra**	ils	chante**ront**

être

je	se**rai**	nous	se**rons**
tu	se**ras**	vous	se**rez**
il	se**ra**	ils	se**ront**

1. 第一群規則動詞 (-er 動詞)、第二群規則動詞 (-ir 動詞) は不定法語尾から -r を除いた形が語幹。

   chanter → je chante**rai**　　nous chante**rons**
   finir → je fini**rai**　　nous fini**rons**

2. 不定法の語尾が -re の動詞は、原則として -re を除いた形が語幹。

   　　　　語　幹
   dire　　di- → je di**rai**　　nous di**rons**
   prendre　prend- → je prend**rai**　　nous prend**rons**

   ●特殊な語幹をもつ動詞

être	→ je se**rai**	avoir	→ j'au**rai**	aller	→ j'i**rai**
venir	→ je viend**rai**	faire	→ je fe**rai**	savoir	→ je sau**rai**
pouvoir	→ je pour**rai**	vouloir	→ je voud**rai**	devoir	→ je dev**rai**
recevoir	→ je recev**rai**	voir	→ je ver**rai**	envoyer	→ j'enver**rai**
courir	→ je cour**rai**	acheter	→ j'achète**rai**	falloir	→ il faud**ra**

用法
1. 未来の行為・出来事を表します。

   J'*irai* en France dans trois jours.
   Demain matin, ma mère *arrivera* à la gare.

2. 二人称で、軽い命令・依頼のニュアンスを表します。

   Tu m'*appelleras* demain.
   Vous *viendrez* me voir ce soir.

2 前未来 (futur antérieur)

形態 助動詞 (avoir または être) の直説法単純未来 + 過去分詞

chanter

j'	**aurai** chanté	nous	**aurons** chanté
tu	**auras** chanté	vous	**aurez** chanté
il	**aura** chanté	ils	**auront** chanté

aller

je	**serai** allé(e)	nous	**serons** allé(e)s
tu	**seras** allé(e)	vous	**serez** allé(e)(s)
il	**sera** allé	ils	**seront** allés
elle	**sera** allée	elles	**seront** allées

・助動詞が être の場合、過去分詞は主語の性・数に一致。

GRAMMAIRE Leçon 8

用法 未来のある時点までにすでに完了している行為や出来事を表します。

Nous partirons quand tu *auras terminé* ce travail.

J'*aurai fini* mes devoirs avant midi.

Dès que Paul *sera arrivé* en Italie, il m'appellera.

EXERCISES

A. 動詞を単純未来に活用させましょう。

1. aller
2. savoir
3. acheter
4. venir
5. faire
6. pouvoir

B. 下線部の動詞を単純未来に書き換え、文全体を訳しましょう。

1. Elles viennent à quelle heure ?
2. Mon copain étudie en Allemagne l'année prochaine.
3. Nous finissons notre travail dans trois heures.
4. Les élections ont lieu dans quelques jours.
5. Tu ne prends pas le train de six heures ?

C. （　）内の動詞を前未来に活用させ、文全体を訳しましょう。

1. Demain à dix-neuf heures, nous _____ pour le Japon. (déjà partir)
2. J'_____ ce livre avant la fin du mois. (lire)
3. Elle _____ les enfants quand je rentrerai. (déjà coucher)
4. Elle lui téléphonera aussitôt qu'elle _____ à la gare. (arriver)
5. Dès que tu _____ tes devoirs, tu pourras jouer. (finir)

D. フランス語で表現しましょう。

1. 部屋を片づけることを忘れないでね。(単純未来で)　　＊片付ける : ranger

2. 彼らは9時までには帰っているでしょう。

3. この本を読み終えたら、あなたに貸してあげます。　　＊読み終える : finir ce livre

Leçon 8 — CONVERSATION

Bruxelles

タケシとリサはベルギーのブリュッセルにやって来ました。グラン・プラス広場にあるレストランで食事をしながら、結婚式の打ち合わせです。

Le Garçon : Qu'est-ce que je vous sers ?

Takeshi : Pour moi, ce sera des moules-frites avec une bière blanche.

Lisa : La même chose pour moi, mais avec une bière à la framboise. J'adore les bières fruitées.

Un peu plus tard, pendant le repas…

Takeshi : Ça y est ! J'ai reçu le programme pour notre mariage en Nouvelle-Calédonie. Vers 11h30, dès que la cérémonie sera finie à l'église, nous irons tous au restaurant sur la plage.

Lisa : Et qu'est-ce qu'il y aura au menu ?

Takeshi : C'est une surprise. Mais ne t'inquiète pas. Il y aura des fruits de mer.

Lisa : Combien de temps est-ce que nous allons rester là-bas ?

Takeshi : Une bonne semaine. J'ai pu m'arranger avec mon directeur.

Lisa : C'est génial ! Comme ça, on aura le temps de bien profiter de la mer. J'ai vraiment hâte d'y aller.

COMPRÉHENSION

1. Que commande Lisa ?
2. De quoi parle Takeshi pendant le repas ?
3. Combien de temps durera leur voyage ?

EXPRESSIONS

1. – *Qu'est-ce que je vous sers ?*
   – Pour moi, ce sera un panaché et pour mon amie, un chocolat chaud.

2. *Ça y est !* J'ai enfin fini mes devoirs.
   Ça y est ! C'est les vacances !

3. Bonnes vacances ! *Profitez* bien *du* soleil !
   Je vais *profiter de* mon passage à Paris pour visiter le musée de l'Orangerie.

CONVERSATION **Leçon 8**

ACTIVITÉS

A. 例にならって、やりとりしましょう。

ex. ce week-end – Pierre – aller au cinéma → – Ce week-end, Pierre *ira au cinéma*.

1. ce soir – nous – jouer au tennis →
2. la semaine prochaine – mes amis – faire un barbecue →
3. le mois prochain – vous – partir en voyage →
4. après-demain – on – déjeuner au restaurant →

B. 質問に答えましょう。

Et vous ?   Que ferez-vous ce week-end ?   Et pour les prochaines vacances ?

C. 明日、フランス各地はどんな天気でしょう。イラストを見て、単純未来を使って天候を表現しましょう。

Toulouse   Paris   Lyon   Grenoble   Marseille

15 C°

10 C°

14 C°

-2 C°

Marseille
18 C°

Demain après-midi, _____

DICTÉES 音源を聞いて、フランス語を書きましょう。

1. Dès que la cérémonie _____ à l'église, nous _____ au restaurant.
2. Ne t'inquiète pas, _____ des fruits de mer.
3. Combien de temps est-ce que _____ là-bas ?

CIVILISATION

La Belgique, un pays gourmand

La Belgique est une monarchie située entre la France et les Pays-Bas. On parle principalement le flamand, dialecte néerlandais, en Flandre, et le français en Wallonie et à Bruxelles. Ce pays est très connu pour ses chocolats et ses innombrables bières. Comme plat principal, on peut y déguster un waterzooi, des carbonades flamandes ou des chicons en gratin. Enfin, pour les plus gourmands, pourquoi pas un spéculos ou une gaufre liégeoise pour le goûter ?
Bon appétit !

Leçon 9 GRAMMAIRE

1 現在分詞 (participe présent)

形態 語幹（直説法現在 nous の活用語尾から -ons を除いた形）+ ant（性数変化はなし）

chanter	→	nous **chant**ons	→	chantant	例外		
finir	→	nous **finiss**ons	→	finissant	être	→	étant
prendre	→	nous **pren**ons	→	prenant	avoir	→	ayant
faire	→	nous **fais**ons	→	faisant	savoir	→	sachant

用法

1. 形容詞的用法　　先行する名詞を説明します。

   Hier, j'ai vu Marie *parlant* à un homme dans un café.

   　(= Hier, j'ai vu Marie *qui parlait* à un homme dans un café.)

   Ce sont des règles *protégeant* la vie privée et les données personnelles.

   　(= Ce sont des règles *qui protègent* la vie privée et les données personnelles.)

2. 副詞的用法　　原因・理由・手段・譲歩などを表します。

   Étant fatigué, je ne sors pas ce soir.

   　(= Comme je suis fatigué, ...)

   Son fils *ayant* mal aux dents, elle l'a emmené chez le dentiste.

   　(= Comme son fils a mal aux dents, ...)

   →現在分詞は書き言葉のみに用います。

2 ジェロンディフ (gérondif)

形態 en + 現在分詞（ジェロンディフの主語は主節と同じ）

用法

同時性　Je prends mon petit déjeuner *en regardant* le journal télévisé.

原　因　Elle sera très triste *en apprenant* cette nouvelle.

手　段　*En travaillant* sérieusement avec son entraîneur, il est enfin devenu champion du monde.

対　立　Il ne m'a rien dit *tout en sachant* la vérité.

譲　歩　Il est venu au bureau *tout en étant* malade.

　　　　　　　　　　　　　　→対立、譲歩では強調を示す tout をつけることが多い。

GRAMMAIRE Leçon 9

EXERCISES

A. 動詞を現在分詞にしましょう。

1. croire _____
2. tenir _____
3. boire _____
4. dormir _____
5. vivre _____
6. ouvrir _____
7. sentir _____
8. recevoir _____

B. 下線部を現在分詞に書き換え、文全体を訳しましょう。

1. J'ai croisé un ami <u>qui revenait</u> de la fac.
2. <u>Comme elle est malade</u>, elle ne pourra pas venir à la soirée.
3. <u>Comme il n'a pas le temps</u>, il ne peut pas sortir.

C. 例にならって語句を並べ替え、動詞の現在形とジェロンディフを用いて文を作りましょう。

ex. je, conduire, radio, la, toujours, écouter → Je conduis toujours en écoutant la radio.
　　　　　　　　　　　　　　　　　　　　　　J'écoute toujours la radio en conduisant.

1. elle, la rue, manger, dans, marcher, une glace

2. il, attendre, jeu vidéo, le bus, un, jouer à

3. je, chantonner, la vaisselle, faire

4. on, se promener, des champignons, la forêt, ramasser, dans

5. ils, prendre, discuter, un verre

6. tu, retrouver, plusieurs, parler, du, langues, travail, rapidement ［未来形の文に］

D. フランス語で表現しましょう。

1. 私は駅に行く途中で、事故を見た。

2. 彼女は泣きながら、私にすべてを話した。　　　　　　　　　　＊話す・語る : raconter

Leçon 9 — CONVERSATION

La Nouvelle-Calédonie

ニューカレドニアで結婚式を挙げたタケシとリサ。アメデ島に渡るための船着き場を探しています。

Takeshi : Pardon Monsieur, nous cherchons le bateau pour aller sur l'îlot Amédée.
Un passant : Ce n'est pas loin. Je vous y conduis si vous voulez.
Lisa : C'est très gentil. Le voyage dure longtemps ?
Un passant : Non, 30 minutes environ… Ça y est, nous y sommes. Je vous souhaite une bonne excursion.
Lisa : Merci beaucoup.

Sur le bateau, en regardant à travers la coque transparente.*

Lisa : Wouah. Tu as vu la couleur de l'eau ? C'est splendide !
Takeshi : Regarde ces poissons tropicaux ! Ils sont magnifiques !
Lisa : Et là-bas, il y a des tricots rayés !
Takeshi : Quel drôle de nom. C'est quoi des tricots rayés ?
Lisa : Ce sont des serpents de mer de la région.

Juste avant de nager dans la mer.

Lisa : Tu verras mieux en mettant un masque. Prends le mien. Allez viens, on plonge ! Mais n'aie pas peur ! Ce serpent n'est pas agressif.
Takeshi : Bon d'accord… L'eau est vraiment chaude ici. C'est le paradis.

*coque transparente : ガラス張りの船底

COMPRÉHENSION

1. Que cherchent Lisa et Takeshi ?
2. Combien de temps dure la traversée ?
3. Qu'est-ce qu'ils voient du bateau ?

EXPRESSIONS

1. *N'aie pas peur !* [*N'ayez pas peur !*] Ce chien n'est pas méchant.
   Aie confiance en toi. Tu peux réussir.
2. Je te *souhaite* un bon voyage. / Je vous *souhaite* tout le bonheur possible.

CONVERSATION **Leçon 9**

ACTIVITÉS

A. 例にならって、同時に行っている2つの行為をジェロンディフで表現しましょう。

ex. Ils font une randonnée en discutant.

ex. faire une randonnée / discuter
1. manger / regarder la télé
2. courir / écouter de la musique
3. conduire / boire de l'eau
4. prendre sa douche / chanter
5. attendre le train/ lire un livre

B. 例にならって、ジェロンディフで手段・方法・理由などを表現しましょう。

ex. étudier l'italien – écouter les cours de la NHK à la radio.
— J'étudie l'italien en écoutant les cours de la NHK à la radio.

1. tomber – faire du ski _____
2. trouver un petit boulot – surfer sur Internet _____
3. rencontrer ma femme – participer à une soirée _____

DICTÉES

音源を聞いて、フランス語を書きましょう。

1. Lisa et Takeshi se promènent _____ un guide touristique.
2. La poste n'est pas loin, je _____ si vous vous voulez.
3. _____ pas peur ! Ce chien n'est pas méchant.

CIVILISATION

Les territoires français d'outre-mer.

La France compte cinq DROM, départements et régions d'outre-mer : La Guadeloupe et la Martinique dans la mer des Caraïbes, la Guyane française en Amérique du Sud, la Réunion et Mayotte près de Madagascar. Et aussi plusieurs COM, collectivités d'outre-mer comme la Polynésie française (Tahiti, Bora-Bora) et la Nouvelle-Calédonie. Ce sont le plus souvent des lieux de vacances très éloignés de la métropole et qui représentent une certaine image du paradis pour les Français.

Leçon 10 GRAMMAIRE

1 条件法現在 (conditionnel présent)

 形態　語幹（直説法単純未来と同形）＋ 活用語尾 -rais, -rais, -rait, -rions, -riez, -raient ）

・語尾の r のあとは半過去と同じ

chanter

je	chanterais	nous	chanterions
tu	chanterais	vous	chanteriez
il	chanterait	ils	chanteraient

avoir	→	j'aurais	tu aurais	il aurait	nous aurions	vous auriez	ils auraient
être	→	je serais	tu serais	il serait	nous serions	vous seriez	ils seraient
aller	→	j'irais	tu irais	il irait	nous irions	vous iriez	ils iraient
vouloir	→	je voudrais	tu voudrais	il voudrait	nous voudrions	vous voudriez	ils voudraient

 用法

1. 現在の事実に反する仮定の帰結　　Si ＋ 直説法半過去, 条件法現在

   Si j'étais riche, je *ferais* le tour du monde.
   S'il faisait beau aujourd'hui, il ne *resterait* pas à la maison sans rien faire.
   À ta place, je n'*hésiterais* pas à participer au projet.

2. 語調の緩和

   Je *voudrais* réserver une table pour deux personnes pour ce soir, s'il vous plaît.
   Il *faudrait* faire des efforts particuliers pour réussir dans ce domaine.
   Pourriez-vous venir me chercher à l'hôtel ?

3. 推　定

   D'après une enquête, il y *aurait* environ 280 loups en France.

4. 過去から見た未来（従属節）→ Leçon12参照

   Il m'a dit qu'il ne *viendrait* pas à la fête ce week-end.
   (= Il m'a dit : « je ne viendrai pas à la fête ce week-end. »)

2 条件法過去 (conditionnel passé)

 形態　助動詞 avoir または être の条件法現在＋過去分詞

chanter

j'	aurais chanté	nous	aurions chanté
tu	aurais chanté	vous	auriez chanté
il	aurait chanté	ils	auraient chanté

aller

je	serais allé(e)	nous	serions allé(e)s
tu	serais allé(e)	vous	seriez allé(e)(s)
il	serait allé	ils	seraient allés
elle	serait allée	elles	seraient allées

 用法

1. 過去の事実に反する仮定の帰結　　Si ＋ 直説法大過去, 条件法過去

   Si tu n'avais pas menti, tu n'*aurais* pas *eu* ce problème.

2. 過去の語調の緩和

   Compte tenu de la météo, on *aurait dû* annuler l'événement.

GRAMMAIRE **Leçon 10**

3. 過去の推定

   Selon les recherches récentes, les dinosaures ***auraient pu*** avoir des plumes comme les oiseaux.

4. 過去から見た前未来（従属節）→ Leçon12参照

   Elles m'ont dit qu'elles ne ***seraient*** pas ***revenues*** avant huit heures.

   (= Elles m'ont dit : « nous ne serons pas revenues avant huit heures.»)

EXERCISES

A. 動詞を条件法現在に活用させましょう。

   1. être   2. avoir   3. aller   4. venir   5. faire   6. pouvoir

B. (　)内の動詞を条件法現在に活用させ、文全体を訳しましょう。

   1. Si vous aviez un appareil-photo, vous _____ de belles photos ! (prendre)
   2. Sans toi, la vie _____ triste. (être)
   3. Je _____ ajouter un point important sur ce sujet. (souhaiter)
   4. D'après la rumeur, l'acteur _____ ses fiançailles avec une jeune chanteuse dans les prochains jours. (annoncer)

C. (　)内の動詞を条件法過去に活用させ、文全体を訳しましょう。

   1. Si j'avais été plus prudent, je _____ la même erreur. (ne pas répéter)
   2. On dit que l'entraîneur _____ le renouvellement du contrat. (déjà refuser)
   3. Elle croyait que ses sœurs _____ à son arrivée. (déjà partir)

D. (　)内の動詞を条件法現在あるいは過去に活用させ、文全体を訳しましょう。

   1. S'il faisait beau, on _____ le Mt. Fuji de la fenêtre. (voir)
   2. Si j'étais le Président, j' _____ les impôts. (augmenter)
   3. Vous _____ l'heure, s'il vous plaît ? (avoir)
   4. J' _____ faire le tour de monde un jour. (aimer)
   5. Si tu avais bien révisé tes cours, tu _____ aux examens. (réussir)
   6. Vous _____ me le dire plus tôt ! Maintenant c'est trop tard. (devoir)

E. フランス語で表現しましょう。

   1. ドアを閉めていただけないでしょうか？

   _____

   2. もし時間があったら、あなたのお手伝いができたのに。

   _____

Leçon 10 — CONVERSATION

Montréal

タケシの新任地はカナダのモントリオールになりました。

La cliente : Je viens d'arriver à Montréal. Je ne connais pas du tout la ville. Qu'est-ce que vous me conseillez ?

Takeshi : Eh bien. Ici, nous sommes au centre-ville. C'est le quartier culturel. Vous pourriez donc aller au musée d'art contemporain ou au théâtre.

La cliente : Qu'est-ce qu'on joue en ce moment ?

Takeshi : Au théâtre du Nouveau Monde, on joue « le Fantôme de l'Opéra ». J'ai vu ce spectacle samedi dernier. Je vous le conseille vivement.

La cliente : Bonne idée ! Et comme il fait beau, j'aimerais bien me promener aussi.

Takeshi : Si j'étais vous, j'irais à pied jusqu'au Vieux-Port et je passerais par le quartier chinois pour manger quelque chose.

La cliente : Merci beaucoup.

COMPRÉHENSION

1. Que peut-on faire dans le quartier culturel de Montréal ?
2. Quel spectacle peut-on voir en ce moment ?
3. Quelle promenade Takeshi propose-t-il ?

EXPRESSIONS

1. Si on allait au cinéma ? – *Bonne idée* [*Avec plaisir* / *Volontiers*] *!*

2. *Comme* je suis en vacances, je peux dormir jusqu'à 11 heures.
   Comme il pleut, je n'ai pas envie de sortir.

CONVERSATION **Leçon 10**

ACTIVITÉS

A. 例にならい、**devoir, pouvoir** または **falloir** の条件法現在を使って文を作り、アドバイスしましょう。

ex. Pierre est dehors en plein soleil. → Il devrait mettre un chapeau et boire régulièrement.

1. Sophie voudrait perdre 5 kilos.
2. Luc et Marion se disputent très souvent.
3. Malik n'arrive pas à se lever tôt le matin.
4. José voudrait apprendre le japonais.

B. あなたならどうしますか？ 例にならって答えましょう。

ex. Que feriez-vous si vous aviez beaucoup d'argent ?
→ Si j'avais beaucoup d'argent, j'habiterais dans un grand château au bord de la mer et je voyagerais autour du monde.

1. Si vous viviez à l'époque Edo ?
2. Si vous aviez des super-pouvoirs comme un super héros ?
3. Si vous étiez un homme / une femme ?

DICTÉES

音源を聞いて、フランス語を書きましょう。

1. _____ aller au musée d'art contemporain ou au théâtre.
2. Si _____ , _____ à pied jusqu'au Vieux-Port et _____ par le quartier chinois pour manger quelque chose.
3. Vous _____ aussi au Jardin botanique de Montréal. C'est _____ _____ du monde.

CIVILISATION

Le Canada

Le Canada, deuxième plus vaste pays du monde n'a une population que d'environ 36 millions d'habitants. Le pays a deux langues officielles : l'anglais et le français. Les premiers habitants de ce pays sont les Amérindiens et les Inuits. Montréal est la deuxième plus grande ville du pays après Toronto. Elle est située au Québec qui est une province majoritairement francophone. Le Canada a pour emblème la feuille d'érable dont le sirop est très apprécié dans le monde entier.

Leçon 11 GRAMMAIRE

1 接続法現在 (subjonctif présent)

語幹は原則として直説法現在三人称複数形 (ils, elles) の活用形から -ent を除いた形です。

形態 語幹 + 活用語尾 (-e, -es, -e, -ions, -iez, -ent)

aimer

que j'	aime	que nous	aimions
que tu	aimes	que vous	aimiez
qu' il	aime	qu' ils	aiment

finir

que je	finisse	que nous	finissions
que tu	finisses	que vous	finissiez
qu' il	finisse	qu' ils	finissent

例外 a. 語幹も語尾も不規則な動詞

avoir

que j'	aie	que nous	ayons
que tu	aies	que vous	ayez
qu' il	ait	qu' ils	aient

être

que je	sois	que nous	soyons
que tu	sois	que vous	soyez
qu' il	soit	qu' ils	soient

例外 b. 特殊な語幹をもつ動詞

aller

que j'	aille	que nous	allions
que tu	ailles	que vous	alliez
qu' il	aille	qu' ils	aillent

vouloir

que je	veuille	que nous	voulions
que tu	veuilles	que vous	vouliez
qu' il	veuille	qu' ils	veuillent

faire	→	je fasse	tu fasses	il fasse	nous fassions	vous fassiez	ils fassent
pouvoir	→	je puisse	tu puisses	il puisse	nous puissions	vous puissiez	ils puissent
savoir	→	je sache	tu saches	il sache	nous sachions	vous sachiez	ils sachent
pleuvoir	→	il pleuve					

以下の動詞は nous, vous の語幹が他の人称と異なります。

| venir | → | je vienne | tu viennes | il vienne | nous venions | vous veniez | ils viennent |
| devoir | → | je doive | tu doives | il doive | nous devions | vous deviez | ils doivent |

用法 話し手や書き手の考えや感情を通して物事を伝える場合に、que に導かれた従属節の中で用いられる活用形です。直説法と接続法を比べてみましょう。

> 直説法　Je crois qu'il *fera* beau demain.　明日は晴れると思う。
> 接続法　Je veux qu'il *fasse* beau demain.　明日晴れてほしい。

1. 主節の動詞や形容詞が感情（願望［命令］、喜怒哀楽、疑念、懸念など）を表す場合

　　願望　Les enfants, je veux que vous *finissiez* vos assiettes tout de suite.
　　失望　Je regrette que Louis ne *puisse* pas venir à la fête.
　　喜び　Je suis contente qu'elle *vienne* ce soir.

→ croire, penser, être sûr などの動詞が否定形・疑問形に置かれ、que 以下の内容が不確実な場合には接続法が用いられる。

　　　　Je ne crois pas qu'elle *soit* malade.
　　　　Penses-tu qu'il *soit* vraiment malade ?

2. 主観的な判断を含む非人称構文とともに用いられる場合

Il faut qu'on *soit* à la gare à midi.
Il est possible qu'il *pleuve*.
Il semble qu'il nous *dise* la vérité.
C'est dommage que je n'*aie* pas assez de temps pour te voir.

2 接続法過去（subjonctif passé）

  助動詞（avoir または être）の接続法現在 + 過去分詞

aimer

que j' **aie** aimé	que nous **ayons** aimé
que tu **aies** aimé	que vous **ayez** aimé
qu' il **ait** aimé	qu' ils **aient** aimé

aller

que je **sois** allé(e)	que nous **soyons** allé(e)s
que tu **sois** allé(e)	que vous **soyez** allé(e)(s)
qu' il **soit** allé	qu' ils **soient** allés
qu' elle **soit** allée	qu' elles **soient** allées

 接続法現在と同様、que に導かれた従属節の中で用いられます。従属節の表す行為や状態が、主節の表す時点から見て完了していることを示します。助動詞が être の場合、過去分詞は主語に性・数一致します。

Je regrette que mes parents *aient vendu* leur maison.
Elle est arrivée chez elle avant que sa mère (ne) *soit rentrée*.

EXERCISES

A. （　）内の動詞を指示に従って活用させ、全文を書き換えましょう

1. Il est possible qu'ils ne _____ pas partir tout de suite.（pouvoir / 接続法現在に）
2. Il faut qu'elles _____ leurs devoirs avant la date limite.（finir / 接続法現在に）
3. Croyez-vous qu'il _____ amoureux de moi ?（être / 接続法現在に）
4. C'est dommage que Sophie _____ si tôt.（rentrer / 接続法過去に）
5. Nous sommes étonnés qu'il y _____ tant de monde.（avoir / 接続法過去に）

B. 下線部を（　）内の語にして、全文を書き換えましょう。

1. Je suis contente qu'il aille bien.（ils）
2. C'est dommage que vous deviez travailler ce week-end.（tu）
3. J'aimerais que tu ne sois pas fâché.（vous）

C. フランス語で表現しましょう。

1. 彼が今日来られないのは残念だ。

2. 君は彼が正しいとは思っていないのかい？　　　＊正しい：avoir raison

Leçon 11 — CONVERSATION

La ville de Québec

休暇をとったタケシは、ケベックシティのフォントナック城を訪れました。偶然にもトランブレさんと再会します。

Mme Tremblay : Monsieur Yamaguchi ! Quelle surprise ! Mais que faites-vous ici ?

Takeshi : Ah, bonjour, Madame Tremblay. Eh bien maintenant, je travaille à Montréal depuis un mois. Aujourd'hui, c'est mon jour de congé alors je visite la région. Québec est vraiment une ville merveilleuse !

Mme Tremblay : Je suis vraiment heureuse que vous aimiez ma ville natale.

Takeshi : Il paraît qu'en hiver la température peut descendre à -30°c. Je ne pense pas qu'on puisse s'amuser avec un froid pareil.

Mme Tremblay : Au contraire ! Il y a beaucoup d'activités amusantes en hiver. On peut faire du ski bien sûr. Mais aussi de la luge, du traineau à chiens et du skidoo.

Takeshi : Qu'est-ce que c'est le skidoo ?

Mme Tremblay : C'est un scooter des neiges comme on dit en France. On peut aussi faire du patinage sur les lacs. Et surtout, il y a le grand Carnaval de Québec avec son célèbre Bonhomme et ses sculptures sur neige. Il faut absolument que vous reveniez en hiver !

COMPRÉHENSION

1. Est-ce que Takeshi est à Québec pour son travail ?
2. Que peut-on faire là-bas en hiver ?
3. Quelle est la mascotte du Carnaval de Québec ?

EXPRESSIONS

1. Il *paraît* que son nouveau roman est excellent.
   Elle *paraît* fatiguée. / Cela me *paraît* très bizarre.

2. Je suis en vacances *alors* j'ai beaucoup de temps libre.
   Je pense *donc* je suis. — René Descartes

CONVERSATION **Leçon 11**

ACTIVITÉS

A. 例にならい、il faut que, il est nécessaire que, il est important que などの表現を使って、以下の状況に対してアドバイスをしましょう。

　　ex. Loriane veut voyager à l'étranger.
　　　→ Il est nécessaire qu'elle ait un passeport valide et qu'elle fasse des économies avant le départ. Il est important aussi de bien choisir sa destination et son agence de voyages.

　　1. Denis cherche un nouveau travail.
　　2. Yuko veut étudier dans une bonne université.
　　3. Virginie veut rester en bonne santé.

B. 2つの文を組み合わせて、文を完成させましょう。

　　1. Je suis surpris(e) que …　　a. un Français ne connaisse pas Victor Hugo.
　　2. Je suis fâché(e) que …　　b. ils aient un accident de voiture.
　　3. J'ai peur que …　　　　　c. mon frère soit guéri.
　　4. Je suis heureux (heureuse) que …　d. il prenne ma voiture sans ma permission.
　　5. Je suis triste que …　　　e. mon ami parte pour toujours.

DICTÉES

音源を聞いて、適切なフランス語を書きましょう。

　　1. Je suis vraiment heureux que vous _____ ma ville natale.
　　2. Je ne pense pas qu'on _____ s'amuser avec un froid pareil.
　　3. Il _____ vous reveniez au printemps !

CIVILISATION

La ville de Québec

La ville de Québec est la capitale de la province du Québec. La ville a été fondée par le Français Samuel de Champlain en 1608 pour le compte de Henri IV, soit plus de 70 ans après la découverte de l'estuaire du fleuve Saint-Laurent par Jacques Cartier. Aujourd'hui, avec ses 500 000 habitants, la ville abrite de nombreuses institutions dont le Parlement du Québec. Le Vieux-Québec, cœur historique de la ville, est inscrit au patrimoine mondial de l'UNESCO.

Leçon 12 GRAMMAIRE

1 直接話法と間接話法 (discours direct / discours indirect)

語順

1. 平叙文

   直接話法　　導入動詞：《発話内容》　　　　　　Il me dit : « J'invite mes cousins. »

   間接話法　　導入動詞 + que + 発話内容　　　　Il me dit *qu'*il invite ses cousins.

2. 疑問文

   a. 疑問詞のない疑問文

   直接話法　　　　　　　　　　　　　　　　　　Il me demande : « Aimez-vous ce film? »

   間接話法　　導入動詞 + si + 主語 + 動詞　　　Il me demande *si* j'aime ce film.

   b. 疑問詞 (qui, où, quand, comment, pourquoi など) のある疑問文

   ※ qu'est-ce que → ce que　　qu'est-ce qui → ce qui

   直接話法　　　　　　　　　　　　　　　　　　Il me demande : « Où habitez-vous? »

   間接話法　　導入動詞 + **疑問詞** + 主語 + 動詞　Il me demande *où* j'habite.

3. 命令文

   直接話法　　　　　　　　　　　　　　　　　　Elle demande : « Lève-toi ! »

   　　　　　　　　　　　　　　　　　　　　　　Elle me dit : « Ne sortez pas ! »

   間接話法　　導入動詞 + de + (ne pas) + 不定法　Elle demande *de* me lever.

   　　　　　　　　　　　　　　　　　　　　　　Elle me dit *de* ne pas sortir.

● 時制の一致

導入動詞が過去形の場合、従属節（発話内容）の動詞の時制もそれに応じて変化します。

		直接話法		間接話法
現在 → 半過去		Il a dit : « Je *travaille*. »	→	Il a dit qu'il *travaillait*.
複合過去 → 大過去		Il a dit : « *J'ai travaillé*. »	→	Il a dit qu'il *avait travaillé*.
単純未来 → 条件法現在		Il a dit : « Je *travaillerai*. »	→	Il a dit qu'il *travaillerait*.
前未来 → 条件法過去		Il a dit : « *J'aurai travaillé*. »	→	Il a dit qu'il *aurait travaillé*.

● 時制の一致に伴って変化する時の副詞

直接話法	間接話法	直接話法	間接話法
hier →	la veille	la semaine dernière →	la semaine précédente
aujourd'hui →	ce jour-là	la semaine prochaine →	la semaine suivante
demain →	le lendemain		

Paul m'a dit qu'il était allé chez le médecin *la veille*.

Il m'a demandé si je travaillerais *la semaine suivante*.

GRAMMAIRE Leçon 12

2 フランス語の4つの叙法 (mode)

1. **直説法** (indicatif)　現在・過去・未来に関係なく事実として現実をありのままに伝える叙法。
   Pierre part pour la France.　　ピエールはフランスに出発する。

2. **命令法** (impératif)　命令・希望・勧誘などを表す叙法。
   Partons pour la France tout de suite.　　すぐにフランスに出発しましょう。

3. **条件法** (conditionnel)
   「もし…だったら」という条件のもとで、あり得たかもしれない世界、空想世界を伝える叙法。
   Pierre partirait pour la France, s'il avait de l'argent.　お金があれば、ピエールはフランスに向かうのに。

4. **接続法** (subjonctif)
   現実か非現実かは問わず、話し手の頭のなかで考えられたこと、あり得る世界、可能世界を伝える叙法。
   Je suis étonné que Pierre parte pour la France.
   私は、ピエールがフランスに行ってしまうことに驚いている。

EXERCISES

A. 直接話法の文を間接話法に書き換え、文全体を訳しましょう。
   1. Sophie me dit : « Je me marie la semaine prochaine. »
   2. François demande à sa femme : « Qu'est-ce que tu veux faire pendant les vacances ? »
   3. Elle me demande : « Pouvez-vous me prêter votre livre ? »
   4. Jean annonce à Anne : « J'ai quitté ma copine hier. »

B. 直接話法の文を間接話法に書き換え、文全体を訳しましょう。
   1. Un ami m'a demandé : « Quand est-ce que tu viens ? »
   2. Elle a annoncé à sa mère : « J'ai dû renoncer à mon voyage à cause de la tempête. »
   3. Les étudiants ont demandé au professeur : « Pourquoi doit-on lire ce livre ? »
   4. Anthony m'a dit : « J'aurai terminé mes examens avant samedi. »

C. 間接話法の文を直接話法に書き換え、文全体を訳しましょう。
   1. Pierre m'a annoncé qu'il y avait eu un tremblement de terre au Japon.
   2. Sa mère a demandé à Céline si elle pouvait l'aider après son travail.

D. フランス語で表現しましょう。
   1. 私の兄は私に、月曜日に美術館が開いているかどうか尋ねた。

   2. 彼女は私に、5時までには仕事が終わっている、と言った。

Leçon 12 CONVERSATION

Strasbourg

タケシとリサは結婚後はじめての冬の休暇でストラスブールを訪れました。アルザス名物のクリスマス市 (marché de Noël) が開かれています。

Takeshi : Deux vins chauds au vin blanc d'Alsace, s'il vous plaît.
Le marchand : Ça fait 6 euros... Merci. Faites attention, c'est très chaud.
Lisa : Humm ! C'est bon et ça réchauffe.
Takeshi : Oui, avec ce froid, c'est agréable. Mais, je commence à avoir faim. Ça te dirait de manger une choucroute ? Dans le guide, c'est écrit qu'il y a un bon restaurant dans cette rue.
Lisa : Oui, mais avant, je voudrais acheter quelques souvenirs pour ma famille.
Takeshi : D'accord, il y a beaucoup de choix ici. Qu'est-ce que tu cherches ?
Lisa : Mon père m'a dit qu'il voulait de jolies décorations pour son sapin de Noël. Et ma mère, comme elle est gourmande, je vais lui prendre des petits biscuits.
Takeshi : Je te conseille un assortiment de gâteaux de la région.
Lisa : C'est une très bonne idée. Pour ma sœur, j'hésite entre un Kouglof et un pain d'épices.
Takeshi : Prends plutôt un pain d'épices. C'est moins gros et ça se conserve bien.

COMPRÉHENSION

1. Que vont-ils faire après avoir dégusté leurs vins chauds ?
2. Qu'est-ce que Lisa va acheter pour sa famille ?
3. Pourquoi Takeshi conseille-t-il le pain d'épices ?

EXPRESSIONS

1. *Ça te* [*vous*] *dirait* de manger au resto-U ce midi ?
   Ça te [*vous*] *plairait* d'aller dans une station thermale ce week-end ?

2. Tu veux un café ?   – Non, je préfère *plutôt* un thé.
   Il est comment ton copain ?   – Il est *plutôt* beau garçon.

CONVERSATION **Leçon 12**

ACTIVITÉS

A. 例にならって、間接話法に書き換えましょう。

ex. Je suis italien. → Il (vous) dit qu'il est italien.

Pourquoi apprenez-vous le français ? → Il demande pourquoi vous apprenez le français.

1. Est-ce que tu es chinois ? _____
2. Qu'est-ce que tu as mangé ce matin ? _____
3. Je ne parle pas japonais. _____
4. Viens vite ! _____

B. répéter, annoncer, expliquer, répondre, avouer を複合過去にして、間接話法に書き換えましょう。

1. Le directeur : « L'entreprise lancera un nouveau produit. »
2. Le suspect : « Oui, c'est moi qui ai volé ce sac. »
3. Le professeur : « Comme je vous l'ai déjà dit, il faut mémoriser cette règle pour l'examen. »
4. Le chef : « Pour bien réussir la mayonnaise, le jaune d'œuf doit être à température ambiante. »
5. C'est quoi comme langue l'alsacien ? Franz : « C'est un dialecte allemand. »

DICTÉES

音源を聞いて、フランス語を書きましょう。

1. Dans le guide, _____ une bonne boulangerie dans le quartier.
2. Pierre m'a annoncé qu'il _____ sans doute dans un an.
3. Mon père _____ de jolies décorations pour son sapin.

CIVILISATION

L'Alsace

L'Alsace est une région située au nord-est de la France. Elle est bordée à l'est par le Rhin qui tient lieu de frontière naturelle avec l'Allemagne. Strasbourg, Mulhouse et Colmar sont les principales villes de la région. L'un des symboles de cette région est la cigogne qui fait son nid sur les toits des grands bâtiments. L'Alsace est très réputée pour ses vins blancs et sa choucroute, mais aussi pour ses bières et son foie gras.

■ 数詞（nombres）100 以上　　※「-」を入れない表記方法もあります。

100 cent	101 cent-un	102 cent-deux	127 cent-vingt-sept	200 deux-cents
202 deux-cent-deux *	300 trois-cents	400 quatre-cents	500 cinq-cents	
600 six-cents	700 sept-cents	800 huit-cents	900 neuf-cents	
1 000 mille	2 000 deux-mille **	10 000 dix-mille	100 000 cent-mille	
1 000 000 un-million	2 000 000 deux-millions	1 000 000 000 un-milliard	2 000 000 000 deux-milliards	

＊100の位に端数が続くときには、cent の後ろに s がつきません。
＊＊mille の後ろには s がつきません。

■ 年号の読み方

1789　　mille-sept-cent-quatre-vingt-neuf
2017　　deux-mille-dix-sept

■ 序数

基数 +ième

1er (1ère) **premier (première)**	2e deuxième / **second(e)**

4ème quatrième	5ème cinquième	17ème dix-septième
20ème vingtième	21ème vingt-et-unième	100ème centième

著　者：ローラン・アヌカン（Laurent Annequin）
　　　　近藤　野里（こんどう　のり）
　　　　岡崎　　敏（おかざき　さとし）
　　　　竹本　江梨（たけもと　えり）

監修者：大岩　昌子（おおいわ　しょうこ）

パラレル 2

2018 年 3 月 10 日　第 1 刷発行
2023 年 3 月 30 日　第 3 刷発行

著　者©ローラン・アヌカン
　　　　近　藤　野　里
　　　　岡　崎　　　敏
　　　　竹　本　江　梨
発行者　岩　堀　雅　己
印刷所　株式会社三秀舎

発行所　〒101-0052 東京都千代田区神田小川町 3 の 24
　　　　電話 03-3291-7811（営業部），7821（編集部）　株式会社白水社
　　　　www.hakusuisha.co.jp
　　　　乱丁・落丁本は送料小社負担にてお取り替えいたします。

振替　00190-5-33228　　Printed in Japan　　誠製本株式会社

ISBN978-4-560-06128-2

▷本書のスキャン、デジタル化等の無断複製は著作権法上での例外を除き禁じられています。本書を代行業者等の第三者に依頼してスキャンやデジタル化することはたとえ個人や家庭内での利用であっても著作権法上認められていません。

よくわかる学習辞典のナンバーワン！

ディコ仏和辞典 (新装版)

中條屋 進／丸山義博／G.メランベルジェ／吉川一義 [編]

定評ある学習辞典．語数35000．カナ発音付．和仏も充実． （2色刷）B 6 変型 1817頁 定価4070円（本体3700円）

パスポート初級仏和辞典 (第3版)

内藤陽哉／玉田健二／C.レヴィ アルヴァレス [編]
超ビギナー向け，いたれりつくせりの入門辞典．語数5000．カナ発音付．カット多数． （2色刷）
B 6 判 364頁 定価2860円（本体2600円）【シングルCD付】

パスポート仏和・和仏小辞典 第2版

内藤陽哉／玉田健二／C.レヴィ アルヴァレス [編]
語数仏和 20000＋ 和仏 8000．カナ発音付．
（2色刷）B 小型 701頁 定価2750円（本体2500円）

入門／文法

ニューエクスプレスプラス フランス語 【CD付】

東郷雄二 [著]
（2色刷）A 5 判 159頁 定価2090円（本体1900円）

フラ語入門、わかりやすいにもホドがある！ [改訂新版] 【CD付】

清岡智比古 [著]　楽しく学べる入門書．
（2色刷）A 5 判 197頁 定価1760円（本体1600円）

フランス語のABC [新装版]

数江譲治 [著]　一生モノのリファレンス．
（2色刷）四六判 274頁 定価2420円（本体2200円）

アクション！ フランス語 A1

根木昭英／野澤 督／G.ヴェスィエール [著]
ヨーロッパスタンダード．　【音声ダウンロードあり】
（2色刷）A 5 判 151頁 定価2420円（本体2200円）

みんなの疑問に答える つぶやきのフランス語文法

田中善英 [著]　フランス語学習を徹底サポート．
（2色刷）A 5 判 273頁 定価2860円（本体2600円）

発音／リスニング

声に出すフランス語 即答練習ドリル 初級編 【音声ダウンロードあり】

高岡優希／ジャン=ノエル・ポレ／富本ジャニナ [著]
1200の即答練習で反射神経を鍛える！
A 5 判 122頁　定価2420円（本体2200円）

やさしくはじめるフランス語リスニング

大塚陽子／佐藤クリスティーヌ [著]
リスニングのはじめの一歩を．　【音声アプリあり】
（一部2色刷）A 5 判 117頁 定価2310円（本体2100円）

サクサク話せる！ フランス語会話

フローラン・ジレル・ボニニ [著]【音声アプリあり】
キーフレーズで表現の型を知る．
A 5 判 146頁　定価2530円（本体2300円）

問題集

フラ語問題集、なんか楽しいかも！ 【音声ダウンロードあり】

清岡智比古 [著]
（2色刷）A 5 判 218頁 定価2090円（本体1900円）

1日5題文法ドリル つぶやきのフランス語

田中善英 [著]　日常生活で使える1500題．
四六判　247頁　定価2090円（本体1900円）

15日間フランス文法おさらい帳 [改訂版]

中村敦子 [著]　ドリル式で苦手項目を克服！
A 5 判 163頁　定価1980円（本体1800円）

仏検対策 5級問題集 三訂版 【CD付】

小倉博史／モーリス・ジャケ／舟杉真一 [編著]
A 5 判 127頁　定価1980円（本体1800円）

仏検対策 4級問題集 三訂版 【CD付】

小倉博史／モーリス・ジャケ／舟杉真一 [編著]
A 5 判 147頁　定価2090円（本体1900円）

単語集／熟語集

フラ語入門、ボキャブラ、単語王とはおこがましい！ [増補新版] 【音声ダウンロードあり】

清岡智比古 [著]
（2色刷）A 5 判 263頁 定価2090円（本体1900円）

《仏検》3・4級必須単語集 (新装版) 【CD付】

久松健一 [著]　基礎語彙力養成にも最適！
四六判　234頁 定価1760円（本体1600円）

DELF A2 対応 フランス語単語トレーニング 【音声ダウンロードあり】

モーリス・ジャケ／舟杉真一／服部悦子 [著]
四六判　203頁 定価2640円（本体2400円）

DELF B1・B2 対応 フランス語単語トレーニング 【音声ダウンロードあり】

モーリス・ジャケ／舟杉真一／服部悦子 [著]
四六判　202頁 定価2860円（本体2600円）

動詞活用

フランス語動詞完全攻略ドリル

岩根 久／渡辺貴規子 [著]　1500問をコツコツこなす．
A5判 189頁　定価2200円（本体2000円）

徹底整理 フランス語動詞活用 55

高橋信良／久保田剛史 [著]　【音声ダウンロードあり】
（2色刷）A 5 判 134頁 定価1980円（本体1800円）

重版にあたり，価格が変更になることがありますので，ご了承ください．

動 詞 活 用 表

1	avoir	18	écrire	35	pouvoir
2	être	19	employer	36	préférer
3	aimer	20	envoyer	37	prendre
4	finir	21	faire	38	recevoir
5	acheter	22	falloir	39	rendre
6	aller	23	fuir	40	résoudre
7	appeler	24	lire	41	rire
8	asseoir	25	manger	42	savoir
9	battre	26	mettre	43	suffire
10	boire	27	mourir	44	suivre
11	conduire	28	naître	45	vaincre
12	connaître	29	ouvrir	46	valoir
13	courir	30	partir	47	venir
14	craindre	31	payer	48	vivre
15	croire	32	placer	49	voir
16	devoir	33	plaire	50	vouloir
17	dire	34	pleuvoir		

不定法	直　説　法			
① **avoir** 現在分詞 ayant 過去分詞 eu [y]	現　在 j'　　ai [e] tu　　as il　　a nous avons vous avez ils　　ont	半過去 j'　　avais tu　　avais il　　avait nous avions vous aviez ils　　avaient	単純過去 j'　　eus [y] tu　　eus il　　eut nous eûmes vous eûtes ils　　eurent	単純未来 j'　　aurai tu　　auras il　　aura nous aurons vous aurez ils　　auront
	複合過去 j'　　ai　　eu tu　　as　　eu il　　a　　eu nous avons eu vous avez eu ils　　ont　eu	大過去 j'　　avais eu tu　　avais eu il　　avait eu nous avions eu vous aviez eu ils　　avaient eu	前過去 j'　　eus　eu tu　　eus　eu il　　eut　eu nous eûmes eu vous eûtes eu ils　　eurent eu	前未来 j'　　aurai eu tu　　auras eu il　　aura eu nous aurons eu vous aurez eu ils　　auront eu
② **être** 現在分詞 étant 過去分詞 été	現　在 je　　suis tu　　es il　　est nous sommes vous êtes ils　　sont	半過去 j'　　étais tu　　étais il　　était nous étions vous étiez ils　　étaient	単純過去 je　　fus tu　　fus il　　fut nous fûmes vous fûtes ils　　furent	単純未来 je　　serai tu　　seras il　　sera nous serons vous serez ils　　seront
	複合過去 j'　　ai　　été tu　　as　　été il　　a　　été nous avons été vous avez été ils　　ont　été	大過去 j'　　avais été tu　　avais été il　　avait été nous avions été vous aviez été ils　　avaient été	前過去 j'　　eus　été tu　　eus　été il　　eut　été nous eûmes été vous eûtes été ils　　eurent été	前未来 j'　　aurai été tu　　auras été il　　aura été nous aurons été vous aurez été ils　　auront été
③ **aimer** 現在分詞 aimant 過去分詞 aimé 第1群 規則動詞	現　在 j'　　aime tu　　aimes il　　aime nous aimons vous aimez ils　　aiment	半過去 j'　　aimais tu　　aimais il　　aimait nous aimions vous aimiez ils　　aimaient	単純過去 j'　　aimai tu　　aimas il　　aima nous aimâmes vous aimâtes ils　　aimèrent	単純未来 j'　　aimerai tu　　aimeras il　　aimera nous aimerons vous aimerez ils　　aimeront
	複合過去 j'　　ai　　aimé tu　　as　　aimé il　　a　　aimé nous avons aimé vous avez aimé ils　　ont　aimé	大過去 j'　　avais aimé tu　　avais aimé il　　avait aimé nous avions aimé vous aviez aimé ils　　avaient aimé	前過去 j'　　eus　aimé tu　　eus　aimé il　　eut　aimé nous eûmes aimé vous eûtes aimé ils　　eurent aimé	前未来 j'　　aurai aimé tu　　auras aimé il　　aura aimé nous aurons aimé vous aurez aimé ils　　auront aimé
④ **finir** 現在分詞 finissant 過去分詞 fini 第2群 規則動詞	現　在 je　　finis tu　　finis il　　finit nous finissons vous finissez ils　　finissent	半過去 je　　finissais tu　　finissais il　　finissait nous finissions vous finissiez ils　　finissaient	単純過去 je　　finis tu　　finis il　　finit nous finîmes vous finîtes ils　　finirent	単純未来 je　　finirai tu　　finiras il　　finira nous finirons vous finirez ils　　finiront
	複合過去 j'　　ai　　fini tu　　as　　fini il　　a　　fini nous avons fini vous avez fini ils　　ont　fini	大過去 j'　　avais fini tu　　avais fini il　　avait fini nous avions fini vous aviez fini ils　　avaient fini	前過去 j'　　eus　fini tu　　eus　fini il　　eut　fini nous eûmes fini vous eûtes fini ils　　eurent fini	前未来 j'　　aurai fini tu　　auras fini il　　aura fini nous aurons fini vous aurez fini ils　　auront fini

条件法	接続法		命令法
現在	現在	半過去	
j' aurais tu aurais il aurait nous aurions vous auriez ils auraient	j' aie [ɛ] tu aies il ait nous ayons vous ayez ils aient	j' eusse tu eusses il eût nous eussions vous eussiez ils eussent	aie ayons ayez
過去	過去	大過去	
j' aurais eu tu aurais eu il aurait eu nous aurions eu vous auriez eu ils auraient eu	j' aie eu tu aies eu il ait eu nous ayons eu vous ayez eu ils aient eu	j' eusse eu tu eusses eu il eût eu nous eussions eu vous eussiez eu ils eussent eu	
現在	現在	半過去	
je serais tu serais il serait nous serions vous seriez ils seraient	je sois tu sois il soit nous soyons vous soyez ils soient	je fusse tu fusses il fût nous fussions vous fussiez ils fussent	sois soyons soyez
過去	過去	大過去	
j' aurais été tu aurais été il aurait été nous aurions été vous auriez été ils auraient été	j' aie été tu aies été il ait été nous ayons été vous ayez été ils aient été	j' eusse été tu eusses été il eût été nous eussions été vous eussiez été ils eussent été	
現在	現在	半過去	
j' aimerais tu aimerais il aimerait nous aimerions vous aimeriez ils aimeraient	j' aime tu aimes il aime nous aimions vous aimiez ils aiment	j' aimasse tu aimasses il aimât nous aimassions vous aimassiez ils aimassent	aime aimons aimez
過去	過去	大過去	
j' aurais aimé tu aurais aimé il aurait aimé nous aurions aimé vous auriez aimé ils auraient aimé	j' aie aimé tu aies aimé il ait aimé nous ayons aimé vous ayez aimé ils aient aimé	j' eusse aimé tu eusses aimé il eût aimé nous eussions aimé vous eussiez aimé ils eussent aimé	
現在	現在	半過去	
je finirais tu finirais il finirait nous finirions vous finiriez ils finiraient	je finisse tu finisses il finisse nous finissions vous finissiez ils finissent	je finisse tu finisses il finît nous finissions vous finissiez ils finissent	finis finissons finissez
過去	過去	大過去	
j' aurais fini tu aurais fini il aurait fini nous aurions fini vous auriez fini ils auraient fini	j' aie fini tu aies fini il ait fini nous ayons fini vous ayez fini ils aient fini	j' eusse fini tu eusses fini il eût fini nous eussions fini vous eussiez fini ils eussent fini	

不定法 現在分詞 過去分詞	直説法			
	現在	半過去	単純過去	単純未来
⑤ **acheter** achetant acheté	j' ach**è**te tu ach**è**tes il ach**è**te n. achetons v. achetez ils ach**è**tent	j' achetais tu achetais il achetait n. achetions v. achetiez ils achetaient	j' achetai tu achetas il acheta n. achetâmes v. achetâtes ils achetèrent	j' ach**è**terai tu ach**è**teras il ach**è**tera n. ach**è**terons v. ach**è**terez ils ach**è**teront
⑥ **aller** allant allé	je **vais** tu **vas** il **va** n. allons v. allez ils **vont**	j' allais tu allais il allait n. allions v. alliez ils allaient	j' allai tu allas il alla n. allâmes v. allâtes ils allèrent	j' irai tu iras il ira n. irons v. irez ils iront
⑦ **appeler** appelant appelé	j' appe**ll**e tu appe**ll**es il appe**ll**e n. appelons v. appelez ils appe**ll**ent	j' appelais tu appelais il appelait n. appelions v. appeliez ils appelaient	j' appelai tu appelas il appela n. appelâmes v. appelâtes ils appelèrent	j' appe**ll**erai tu appe**ll**eras il appe**ll**era n. appe**ll**erons v. appe**ll**erez ils appe**ll**eront
⑧ **asseoir** asseyant (assoyant) assis	j' assieds [asje] tu assieds il assied n. asseyons v. asseyez ils asseyent ───────── j' assois tu assois il assoit n. assoyons v. assoyez ils assoient	j' asseyais tu asseyais il asseyait n. asseyions v. asseyiez ils asseyaient ───────── j' assoyais tu assoyais il assoyait n. assoyions v. assoyiez ils assoyaient	j' assis tu assis il assit n. assîmes v. assîtes ils assirent	j' assiérai tu assiéras il assiéra n. assiérons v. assiérez ils assiéront ───────── j' assoirai tu assoiras il assoira n. assoirons v. assoirez ils assoiront
⑨ **battre** battant battu	je bats tu bats il bat n. battons v. battez ils battent	je battais tu battais il battait n. battions v. battiez ils battaient	je battis tu battis il battit n. battîmes v. battîtes ils battirent	je battrai tu battras il battra n. battrons v. battrez ils battront
⑩ **boire** buvant bu	je bois tu bois il boit n. buvons v. buvez ils boivent	je buvais tu buvais il buvait n. buvions v. buviez ils buvaient	je bus tu bus il but n. bûmes v. bûtes ils burent	je boirai tu boiras il boira n. boirons v. boirez ils boiront
⑪ **conduire** conduisant conduit	je conduis tu conduis il conduit n. conduisons v. conduisez ils conduisent	je conduisais tu conduisais il conduisait n. conduisions v. conduisiez ils conduisaient	je conduisis tu conduisis il conduisit n. conduisîmes v. conduisîtes ils conduisirent	je conduirai tu conduiras il conduira n. conduirons v. conduirez ils conduiront

条件法	接続法		命令法	同型
現在	現在	半過去		
j' achèterais tu achèterais il achèterait n. achèterions v. achèteriez ils achèteraient	j' achète tu achètes il achète n. achetions v. achetiez ils achètent	j' achetasse tu achetasses il achetât n. achetassions v. achetassiez ils achetassent	achète achetons achetez	achever lever mener promener soulever
j' irais tu irais il irait n. irions v. iriez ils iraient	j' aille tu ailles il aille n. allions v. alliez ils aillent	j' allasse tu allasses il allât n. allassions v. allassiez ils allassent	va allons allez	
j' appellerais tu appellerais il appellerait n. appellerions v. appelleriez ils appelleraient	j' appelle tu appelles il appelle n. appelions v. appeliez ils appellent	j' appelasse tu appelasses il appelât n. appelassions v. appelassiez ils appelassent	appelle appelons appelez	jeter rappeler
j' assiérais tu assiérais il assiérait n. assiérions v. assiériez ils assiéraient	j' asseye [asεj] tu asseyes il asseye n. asseyions v. asseyiez ils asseyent	j' assisse tu assisses il assît n. assissions v. assissiez ils assissent	assieds asseyons asseyez	注 主として代名動詞s'asseoirで使われる.
j' assoirais tu assoirais il assoirait n. assoirions v. assoiriez ils assoiraient	j' assoie tu assoies il assoie n. assoyions v. assoyiez ils assoient		assois assoyons assoyez	
je battrais tu battrais il battrait n. battrions v. battriez ils battraient	je batte tu battes il batte n. battions v. battiez ils battent	je battisse tu battisses il battît n. battissions v. battissiez ils battissent	bats battons battez	abattre combattre
je boirais tu boirais il boirait n. boirions v. boiriez ils boiraient	je boive tu boives il boive n. buvions v. buviez ils boivent	je busse tu busses il bût n. bussions v. bussiez ils bussent	bois buvons buvez	
je conduirais tu conduirais il conduirait n. conduirions v. conduiriez ils conduiraient	je conduise tu conduises il conduise n. conduisions v. conduisiez ils conduisent	je conduisisse tu conduisisses il conduisît n. conduisissions v. conduisissiez ils conduisissent	conduis conduisons conduisez	construire détruire instruire introduire produire traduire

不定法　現在分詞　過去分詞	直説法 現在	半過去	単純過去	単純未来
⑫ **connaître** connaissant connu	je connais tu connais il connaît n. connaissons v. connaissez ils connaissent	je connaissais tu connaissais il connaissait n. connaissions v. connaissiez ils connaissaient	je connus tu connus il connut n. connûmes v. connûtes ils connurent	je connaîtrai tu connaîtras il connaîtra n. connaîtrons v. connaîtrez ils connaîtront
⑬ **courir** courant couru	je cours tu cours il court n. courons v. courez ils courent	je courais tu courais il courait n. courions v. couriez ils couraient	je courus tu courus il courut n. courûmes v. courûtes ils coururent	je courrai tu courras il courra n. courrons v. courrez ils courront
⑭ **craindre** craignant craint	je crains tu crains il craint n. craignons v. craignez ils craignent	je craignais tu craignais il craignait n. craignions v. craigniez ils craignaient	je craignis tu craignis il craignit n. craignîmes v. craignîtes ils craignirent	je craindrai tu craindras il craindra n. craindrons v. craindrez ils craindront
⑮ **croire** croyant cru	je crois tu crois il croit n. croyons v. croyez ils croient	je croyais tu croyais il croyait n. croyions v. croyiez ils croyaient	je crus tu crus il crut n. crûmes v. crûtes ils crurent	je croirai tu croiras il croira n. croirons v. croirez ils croiront
⑯ **devoir** devant dû, due, dus, dues	je dois tu dois il doit n. devons v. devez ils doivent	je devais tu devais il devait n. devions v. deviez ils devaient	je dus tu dus il dut n. dûmes v. dûtes ils durent	je devrai tu devras il devra n. devrons v. devrez ils devront
⑰ **dire** disant dit	je dis tu dis il dit n. disons v. dites ils disent	je disais tu disais il disait n. disions v. disiez ils disaient	je dis tu dis il dit n. dîmes v. dîtes ils dirent	je dirai tu diras il dira n. dirons v. direz ils diront
⑱ **écrire** écrivant écrit	j' écris tu écris il écrit n. écrivons v. écrivez ils écrivent	j' écrivais tu écrivais il écrivait n. écrivions v. écriviez ils écrivaient	j' écrivis tu écrivis il écrivit n. écrivîmes v. écrivîtes ils écrivirent	j' écrirai tu écriras il écrira n. écrirons v. écrirez ils écriront
⑲ **employer** employant employé	j' emploie tu emploies il emploie n. employons v. employez ils emploient	j' employais tu employais il employait n. employions v. employiez ils employaient	j' employai tu employas il employa n. employâmes v. employâtes ils employèrent	j' emploierai tu emploieras il emploiera n. emploierons v. emploierez ils emploieront

条件法	接続法		命令法	同型
現在	現在	半過去		
je connaîtrais tu connaîtrais il connaîtrait n. connaîtrions v. connaîtriez ils connaîtraient	je connaisse tu connaisses il connaisse n. connaissions v. connaissiez ils connaissent	je connusse tu connusses il connût n. connussions v. connussiez ils connussent	connais connaissons connaissez	apparaître disparaître paraître reconnaître
je courrais tu courrais il courrait n. courrions v. courriez ils courraient	je coure tu coures il coure n. courions v. couriez ils courent	je courusse tu courusses il courût n. courussions v. courussiez ils courussent	cours courons courez	accourir parcourir
je craindrais tu craindrais il craindrait n. craindrions v. craindriez ils craindraient	je craigne tu craignes il craigne n. craignions v. craigniez ils craignent	je craignisse tu craignisses il craignît n. craignissions v. craignissiez ils craignissent	crains craignons craignez	atteindre éteindre joindre peindre plaindre
je croirais tu croirais il croirait n. croirions v. croiriez ils croiraient	je croie tu croies il croie n. croyions v. croyiez ils croient	je crusse tu crusses il crût n. crussions v. crussiez ils crussent	crois croyons croyez	
je devrais tu devrais il devrait n. devrions v. devriez ils devraient	je doive tu doives il doive n. devions v. deviez ils doivent	je dusse tu dusses il dût n. dussions v. dussiez ils dussent		
je dirais tu dirais il dirait n. dirions v. diriez ils diraient	je dise tu dises il dise n. disions v. disiez ils disent	je disse tu disses il dît n. dissions v. dissiez ils dissent	dis disons dites	
j' écrirais tu écrirais il écrirait n. écririons v. écririez ils écriraient	j' écrive tu écrives il écrive n. écrivions v. écriviez ils écrivent	j' écrivisse tu écrivisses il écrivît n. écrivissions v. écrivissiez ils écrivissent	écris écrivons écrivez	décrire inscrire
j' emploierais tu emploierais il emploierait n. emploierions v. emploieriez ils emploieraient	j' emploie tu emploies il emploie n. employions v. employiez ils emploient	j' employasse tu employasses il employât n. employassions v. employassiez ils employassent	emploie employons employez	aboyer nettoyer noyer tutoyer

不定法 現在分詞 過去分詞	直説法			
	現在	半過去	単純過去	単純未来
⑳ **envoyer** envoyant envoyé	j'envoie tu envoies il envoie n. envoyons v. envoyez ils envoient	j'envoyais tu envoyais il envoyait n. envoyions v. envoyiez ils envoyaient	j'envoyai tu envoyas il envoya n. envoyâmes v. envoyâtes ils envoyèrent	j'enverrai tu enverras il enverra n. enverrons v. enverrez ils enverront
㉑ **faire** faisant [fəzɑ̃] fait	je fais [fɛ] tu fais il fait n. faisons [fəzɔ̃] v. faites [fɛt] ils font	je faisais [fəzɛ] tu faisais il faisait n. faisions v. faisiez ils faisaient	je fis tu fis il fit n. fîmes v. fîtes ils firent	je ferai tu feras il fera n. ferons v. ferez ils feront
㉒ **falloir** — fallu	il faut	il fallait	il fallut	il faudra
㉓ **fuir** fuyant fui	je fuis tu fuis il fuit n. fuyons v. fuyez ils fuient	je fuyais tu fuyais il fuyait n. fuyions v. fuyiez ils fuyaient	je fuis tu fuis il fuit n. fuîmes v. fuîtes ils fuirent	je fuirai tu fuiras il fuira n. fuirons v. fuirez ils fuiront
㉔ **lire** lisant lu	je lis tu lis il lit n. lisons v. lisez ils lisent	je lisais tu lisais il lisait n. lisions v. lisiez ils lisaient	je lus tu lus il lut n. lûmes v. lûtes ils lurent	je lirai tu liras il lira n. lirons v. lirez ils liront
㉕ **manger** mangeant mangé	je mange tu manges il mange n. mangeons v. mangez ils mangent	je mangeais tu mangeais il mangeait n. mangions v. mangiez ils mangeaient	je mangeai tu mangeas il mangea n. mangeâmes v. mangeâtes ils mangèrent	je mangerai tu mangeras il mangera n. mangerons v. mangerez ils mangeront
㉖ **mettre** mettant mis	je mets tu mets il met n. mettons v. mettez ils mettent	je mettais tu mettais il mettait n. mettions v. mettiez ils mettaient	je mis tu mis il mit n. mîmes v. mîtes ils mirent	je mettrai tu mettras il mettra n. mettrons v. mettrez ils mettront
㉗ **mourir** mourant mort	je meurs tu meurs il meurt n. mourons v. mourez ils meurent	je mourais tu mourais il mourait n. mourions v. mouriez ils mouraient	je mourus tu mourus il mourut n. mourûmes v. mourûtes ils moururent	je mourrai tu mourras il mourra n. mourrons v. mourrez ils mourront

条件法	接続法		命令法	同型
現在	現在	半過去		
j' enverrais tu enverrais il enverrait n. enverrions v. enverriez ils enverraient	j' envoie tu envoies il envoie n. envoyions v. envoyiez ils envoient	j' envoyasse tu envoyasses il envoyât n. envoyassions v. envoyassiez ils envoyassent	envoie envoyons envoyez	renvoyer
je ferais tu ferais il ferait n. ferions v. feriez ils feraient	je fasse tu fasses il fasse n. fassions v. fassiez ils fassent	je fisse tu fisses il fît n. fissions v. fissiez ils fissent	fais faisons faites	défaire refaire satisfaire
il faudrait	il faille	il fallût		
je fuirais tu fuirais il fuirait n. fuirions v. fuiriez ils fuiraient	je fuie tu fuies il fuie n. fuyions v. fuyiez ils fuient	je fuisse tu fuisses il fuît n. fuissions v. fuissiez ils fuissent	fuis fuyons fuyez	s'enfuir
je lirais tu lirais il lirait n. lirions v. liriez ils liraient	je lise tu lises il lise n. lisions v. lisiez ils lisent	je lusse tu lusses il lût n. lussions v. lussiez ils lussent	lis lisons lisez	élire relire
je mangerais tu mangerais il mangerait n. mangerions v. mangeriez ils mangeraient	je mange tu manges il mange n. mangions v. mangiez ils mangent	je mangeasse tu mangeasses il mangeât n. mangeassions v. mangeassiez ils mangeassent	mange mangeons mangez	changer déranger nager obliger partager voyager
je mettrais tu mettrais il mettrait n. mettrions v. mettriez ils mettraient	je mette tu mettes il mette n. mettions v. mettiez ils mettent	je misse tu misses il mît n. missions v. missiez ils missent	mets mettons mettez	admettre commettre permettre promettre remettre
je mourrais tu mourrais il mourrait n. mourrions v. mourriez ils mourraient	je meure tu meures il meure n. mourions v. mouriez ils meurent	je mourusse tu mourusses il mourût n. mourussions v. mourussiez ils mourussent	meurs mourons mourez	

不定法 現在分詞 過去分詞	直説法			
	現在	半過去	単純過去	単純未来
㉘ **naître** naissant né	je nais tu nais il naît n. naissons v. naissez ils naissent	je naissais tu naissais il naissait n. naissions v. naissiez ils naissaient	je naquis tu naquis il naquit n. naquîmes v. naquîtes ils naquirent	je naîtrai tu naîtras il naîtra n. naîtrons v. naîtrez ils naîtront
㉙ **ouvrir** ouvrant ouvert	j' ouvre tu ouvres il ouvre n. ouvrons v. ouvrez ils ouvrent	j' ouvrais tu ouvrais il ouvrait n. ouvrions v. ouvriez ils ouvraient	j' ouvris tu ouvris il ouvrit n. ouvrîmes v. ouvrîtes ils ouvrirent	j' ouvrirai tu ouvriras il ouvrira n. ouvrirons v. ouvrirez ils ouvriront
㉚ **partir** partant parti	je pars tu pars il part n. partons v. partez ils partent	je partais tu partais il partait n. partions v. partiez ils partaient	je partis tu partis il partit n. partîmes v. partîtes ils partirent	je partirai tu partiras il partira n. partirons v. partirez ils partiront
㉛ **payer** payant payé	je paie [pɛ] tu paies il paie n. payons v. payez ils paient -------- je paye [pɛj] tu payes il paye n. payons v. payez ils payent	je payais tu payais il payait n. payions v. payiez ils payaient	je payai tu payas il paya n. payâmes v. payâtes ils payèrent	je paierai tu paieras il paiera n. paierons v. paierez ils paieront -------- je payerai tu payeras il payera n. payerons v. payerez ils payeront
㉜ **placer** plaçant placé	je place tu places il place n. plaçons v. placez ils placent	je plaçais tu plaçais il plaçait n. placions v. placiez ils plaçaient	je plaçai tu plaças il plaça n. plaçâmes v. plaçâtes ils placèrent	je placerai tu placeras il placera n. placerons v. placerez ils placeront
㉝ **plaire** plaisant plu	je plais tu plais il plaît n. plaisons v. plaisez ils plaisent	je plaisais tu plaisais il plaisait n. plaisions v. plaisiez ils plaisaient	je plus tu plus il plut n. plûmes v. plûtes ils plurent	je plairai tu plairas il plaira n. plairons v. plairez ils plairont
㉞ **pleuvoir** pleuvant plu	il pleut	il pleuvait	il plut	il pleuvra

条件法 現在	接続法 現在	接続法 半過去	命令法	同型
je naîtrais tu naîtrais il naîtrait n. naîtrions v. naîtriez ils naîtraient	je naisse tu naisses il naisse n. naissions v. naissiez ils naissent	je naquisse tu naquisses il naquît n. naquissions v. naquissiez ils naquissent	nais naissons naissez	
j' ouvrirais tu ouvrirais il ouvrirait n. ouvririons v. ouvririez ils ouvriraient	j' ouvre tu ouvres il ouvre n. ouvrions v. ouvriez ils ouvrent	j' ouvrisse tu ouvrisses il ouvrît n. ouvrissions v. ouvrissiez ils ouvrissent	ouvre ouvrons ouvrez	couvrir découvrir offrir souffrir
je partirais tu partirais il partirait n. partirions v. partiriez ils partiraient	je parte tu partes il parte n. partions v. partiez ils partent	je partisse tu partisses il partît n. partissions v. partissiez ils partissent	pars partons partez	dormir ressortir sentir servir sortir
je paierais tu paierais il paierait n. paierions v. paieriez ils paieraient je payerais tu payerais il payerait n. payerions v. payeriez ils payeraient	je paie tu paies il paie n. payions v. payiez ils paient je paye tu payes il paye n. payions v. payiez ils payent	je payasse tu payasses il payât n. payassions v. payassiez ils payassent	paie payons payez paye payons payez	effrayer essayer
je placerais tu placerais il placerait n. placerions v. placeriez ils placeraient	je place tu places il place n. placions v. placiez ils placent	je plaçasse tu plaçasses il plaçât n. plaçassions v. plaçassiez ils plaçassent	place plaçons placez	annoncer avancer commencer forcer lancer prononcer
je plairais tu plairais il plairait n. plairions v. plairiez ils plairaient	je plaise tu plaises il plaise n. plaisions v. plaisiez ils plaisent	je plusse tu plusses il plût n. plussions v. plussiez ils plussent	plais plaisons plaisez	complaire déplaire (se) taire 注 過去分詞 plu は不変
il pleuvrait	il pleuve	il plût		

不定法 現在分詞 過去分詞	直説法			
	現在	半過去	単純過去	単純未来
㉟ **pouvoir** pouvant pu	je peux (puis) tu peux il peut n. pouvons v. pouvez ils peuvent	je pouvais tu pouvais il pouvait n. pouvions v. pouviez ils pouvaient	je pus tu pus il put n. pûmes v. pûtes ils purent	je pourrai tu pourras il pourra n. pourrons v. pourrez ils pourront
㊱ **préférer** préférant préféré	je préfère tu préfères il préfère n. préférons v. préférez ils préfèrent	je préférais tu préférais il préférait n. préférions v. préfériez ils préféraient	je préférai tu préféras il préféra n. préférâmes v. préférâtes ils préférèrent	je préférerai tu préféreras il préférera n. préférerons v. préférerez ils préféreront
㊲ **prendre** prenant pris	je prends tu prends il prend n. prenons v. prenez ils prennent	je prenais tu prenais il prenait n. prenions v. preniez ils prenaient	je pris tu pris il prit n. prîmes v. prîtes ils prirent	je prendrai tu prendras il prendra n. prendrons v. prendrez ils prendront
㊳ **recevoir** recevant reçu	je reçois tu reçois il reçoit n. recevons v. recevez ils reçoivent	je recevais tu recevais il recevait n. recevions v. receviez ils recevaient	je reçus tu reçus il reçut n. reçûmes v. reçûtes ils reçurent	je recevrai tu recevras il recevra n. recevrons v. recevrez ils recevront
㊴ **rendre** rendant rendu	je rends tu rends il rend n. rendons v. rendez ils rendent	je rendais tu rendais il rendait n. rendions v. rendiez ils rendaient	je rendis tu rendis il rendit n. rendîmes v. rendîtes ils rendirent	je rendrai tu rendras il rendra n. rendrons v. rendrez ils rendront
㊵ **résoudre** résolvant résolu	je résous tu résous il résout n. résolvons v. résolvez ils résolvent	je résolvais tu résolvais il résolvait n. résolvions v. résolviez ils résolvaient	je résolus tu résolus il résolut n. résolûmes v. résolûtes ils résolurent	je résoudrai tu résoudras il résoudra n. résoudrons v. résoudrez ils résoudront
㊶ **rire** riant ri	je ris tu ris il rit n. rions v. riez ils rient	je riais tu riais il riait n. riions v. riiez ils riaient	je ris tu ris il rit n. rîmes v. rîtes ils rirent	je rirai tu riras il rira n. rirons v. rirez ils riront
㊷ **savoir** sachant su	je sais tu sais il sait n. savons v. savez ils savent	je savais tu savais il savait n. savions v. saviez ils savaient	je sus tu sus il sut n. sûmes v. sûtes ils surent	je saurai tu sauras il saura n. saurons v. saurez ils sauront

条件法	接続法		命令法	同型
現在	現在	半過去		
je pourrais tu pourrais il pourrait n. pourrions v. pourriez ils pourraient	je puisse tu puisses il puisse n. puissions v. puissiez ils puissent	je pusse tu pusses il pût n. pussions v. pussiez ils pussent		
je préférerais tu préférerais il préférerait n. préférerions v. préféreriez ils préféreraient	je préfère tu préfères il préfère n. préférions v. préfériez ils préfèrent	je préférasse tu préférasses il préférât n. préférassions v. préférassiez ils préférassent	préfère préférons préférez	céder considérer espérer pénétrer posséder répéter
je prendrais tu prendrais il prendrait n. prendrions v. prendriez ils prendraient	je prenne tu prennes il prenne n. prenions v. preniez ils prennent	je prisse tu prisses il prît n. prissions v. prissiez ils prissent	prends prenons prenez	apprendre comprendre entreprendre reprendre surprendre
je recevrais tu recevrais il recevrait n. recevrions v. recevriez ils recevraient	je reçoive tu reçoives il reçoive n. recevions v. receviez ils reçoivent	je reçusse tu reçusses il reçût n. reçussions v. reçussiez ils reçussent	reçois recevons recevez	apercevoir concevoir décevoir
je rendrais tu rendrais il rendrait n. rendrions v. rendriez ils rendraient	je rende tu rendes il rende n. rendions v. rendiez ils rendent	je rendisse tu rendisses il rendît n. rendissions v. rendissiez ils rendissent	rends rendons rendez	attendre descendre entendre perdre répondre vendre
je résoudrais tu résoudrais il résoudrait n. résoudrions v. résoudriez ils résoudraient	je résolve tu résolves il résolve n. résolvions v. résolviez ils résolvent	je résolusse tu résolusses il résolût n. résolussions v. résolussiez ils résolussent	résous résolvons résolvez	
je rirais tu rirais il rirait n. ririons v. ririez ils riraient	je rie tu ries il rie n. riions v. riiez ils rient	je risse tu risses il rît n. rissions v. rissiez ils rissent	ris rions riez	sourire 注 過去分詞 ri は不変
je saurais tu saurais il saurait n. saurions v. sauriez ils sauraient	je sache tu saches il sache n. sachions v. sachiez ils sachent	je susse tu susses il sût n. sussions v. sussiez ils sussent	sache sachons sachez	

不定法 現在分詞 過去分詞	直　　説　　法			
	現　　在	半　過　去	単純過去	単純未来
㊸ **suffire** suffisant suffi	je suffis tu suffis il suffit n. suffisons v. suffisez ils suffisent	je suffisais tu suffisais il suffisait n. suffisions v. suffisiez ils suffisaient	je suffis tu suffis il suffit n. suffîmes v. suffîtes ils suffirent	je suffirai tu suffiras il suffira n. suffirons v. suffirez ils suffiront
㊹ **suivre** suivant suivi	je suis tu suis il suit n. suivons v. suivez ils suivent	je suivais tu suivais il suivait n. suivions v. suiviez ils suivaient	je suivis tu suivis il suivit n. suivîmes v. suivîtes ils suivirent	je suivrai tu suivras il suivra n. suivrons v. suivrez ils suivront
㊺ **vaincre** vainquant vaincu	je vaincs tu vaincs il vainc n. vainquons v. vainquez ils vainquent	je vainquais tu vainquais il vainquait n. vainquions v. vainquiez ils vainquaient	je vainquis tu vainquis il vainquit n. vainquîmes v. vainquîtes ils vainquirent	je vaincrai tu vaincras il vaincra n. vaincrons v. vaincrez ils vaincront
㊻ **valoir** valant valu	je vaux tu vaux il vaut n. valons v. valez ils valent	je valais tu valais il valait n. valions v. valiez ils valaient	je valus tu valus il valut n. valûmes v. valûtes ils valurent	je vaudrai tu vaudras il vaudra n. vaudrons v. vaudrez ils vaudront
㊼ **venir** venant venu	je viens tu viens il vient n. venons v. venez ils viennent	je venais tu venais il venait n. venions v. veniez ils venaient	je vins tu vins il vint n. vînmes v. vîntes ils vinrent	je viendrai tu viendras il viendra n. viendrons v. viendrez ils viendront
㊽ **vivre** vivant vécu	je vis tu vis il vit n. vivons v. vivez ils vivent	je vivais tu vivais il vivait n. vivions v. viviez ils vivaient	je vécus tu vécus il vécut n. vécûmes v. vécûtes ils vécurent	je vivrai tu vivras il vivra n. vivrons v. vivrez ils vivront
㊾ **voir** voyant vu	je vois tu vois il voit n. voyons v. voyez ils voient	je voyais tu voyais il voyait n. voyions v. voyiez ils voyaient	je vis tu vis il vit n. vîmes v. vîtes ils virent	je verrai tu verras il verra n. verrons v. verrez ils verront
㊿ **vouloir** voulant voulu	je veux tu veux il veut n. voulons v. voulez ils veulent	je voulais tu voulais il voulait n. voulions v. vouliez ils voulaient	je voulus tu voulus il voulut n. voulûmes v. voulûtes ils voulurent	je voudrai tu voudras il voudra n. voudrons v. voudrez ils voudront

条件法	接続法		命令法	同型
現在	現在	半過去		
je suffirais tu suffirais il suffirait n. suffirions v. suffiriez ils suffiraient	je suffise tu suffises il suffise n. suffisions v. suffisiez ils suffisent	je suffisse tu suffisses il suffît n. suffissions v. suffissiez ils suffissent	suffis suffisons suffisez	注 過去分詞 suffi は不変
je suivrais tu suivrais il suivrait n. suivrions v. suivriez ils suivraient	je suive tu suives il suive n. suivions v. suiviez ils suivent	je suivisse tu suivisses il suivît n. suivissions v. suivissiez ils suivissent	suis suivons suivez	poursuivre
je vaincrais tu vaincrais il vaincrait n. vaincrions v. vaincriez ils vaincraient	je vainque tu vainques il vainque n. vainquions v. vainquiez ils vainquent	je vainquisse tu vainquisses il vainquît n. vainquissions v. vainquissiez ils vainquissent	vaincs vainquons vainquez	convaincre
je vaudrais tu vaudrais il vaudrait n. vaudrions v. vaudriez ils vaudraient	je vaille tu vailles il vaille n. valions v. valiez ils vaillent	je valusse tu valusses il valût n. valussions v. valussiez ils valussent		
je viendrais tu viendrais il viendrait n. viendrions v. viendriez ils viendraient	je vienne tu viennes il vienne n. venions v. veniez ils viennent	je vinsse tu vinsses il vînt n. vinssions v. vinssiez ils vinssent	viens venons venez	appartenir devenir obtenir revenir (se) souvenir tenir
je vivrais tu vivrais il vivrait n. vivrions v. vivriez ils vivraient	je vive tu vives il vive n. vivions v. viviez ils vivent	je vécusse tu vécusses il vécût n. vécussions v. vécussiez ils vécussent	vis vivons vivez	survivre
je verrais tu verrais il verrait n. verrions v. verriez ils verraient	je voie tu voies il voie n. voyions v. voyiez ils voient	je visse tu visses il vît n. vissions v. vissiez ils vissent	vois voyons voyez	entrevoir revoir
je voudrais tu voudrais il voudrait n. voudrions v. voudriez ils voudraient	je veuille tu veuilles il veuille n. voulions v. vouliez ils veuillent	je voulusse tu voulusses il voulût n. voulussions v. voulussiez ils voulussent	veuille veuillons veuillez	

◆ 動詞変化に関する注意

不定法
-er
-ir
-re
-oir

現在分詞
-ant

	直説法現在		直・半過去	直・単純未来	条・現在
je	-e	-s	-ais	-rai	-rais
tu	-es	-s	-ais	-ras	-rais
il	-e	-t	-ait	-ra	-rait
nous	-ons		-ions	-rons	-rions
vous	-ez		-iez	-rez	-riez
ils	-ent		-aient	-ront	-raient

	直・単純過去			接・現在	接・半過去	命令法	
je	-ai	-is	-us	-e	-sse		
tu	-as	-is	-us	-es	-sses	-e	-s
il	-a	-it	-ut	-e	^t		
nous	-âmes	-îmes	-ûmes	-ions	-ssions	-ons	
vous	-âtes	-îtes	-ûtes	-iez	-ssiez	-ez	
ils	-èrent	-irent	-urent	-ent	-ssent		

〔複合時制〕

直　説　法	条　件　法
複合過去（助動詞の直・現在＋過去分詞）	過　去（助動詞の条・現在＋過去分詞）
大　過　去（助動詞の直・半過去＋過去分詞）	接　続　法
前　過　去（助動詞の直・単純過去＋過去分詞）	過　去（助動詞の接・現在＋過去分詞）
前　未　来（助動詞の直・単純未来＋過去分詞）	大過去（助動詞の接・半過去＋過去分詞）

* **現在分詞**は，通常，直説法・現在1人称複数の語尾 -ons を -ant に変えて作ることができる. (nous connaissons → connaissant)
* **直説法・半過去**の1人称単数は，通常，直説法・現在1人称複数の語尾 -ons を -ais に変えて作ることができる. (nous buvons → je buvais)
* **直説法・単純未来と条件法・現在**は，通常，不定法から作ることができる.
  （単純未来： aimer → j'aimerai　　finir → je finirai　　écrire → j'écrirai）
  　　　ただし，-oir 型動詞の語幹は不規則. (pouvoir → je pourrai　　savoir → je saurai)
* **接続法・現在**の1人称単数は，通常，直説法・現在3人称複数の語尾 -ent を -e に変えて作ることができる. (ils finissent → je finisse)
* **命令法**は，直説法・現在の2人称単数，1人称複数，2人称複数から，それぞれの主語 tu, nous, vous を取って作ることができる.（ただし，tu -es → -e　　tu vas → va）
  　　　avoir, être, savoir, vouloir の命令法は接続法・現在から作る.